放下，
人生才能前進。

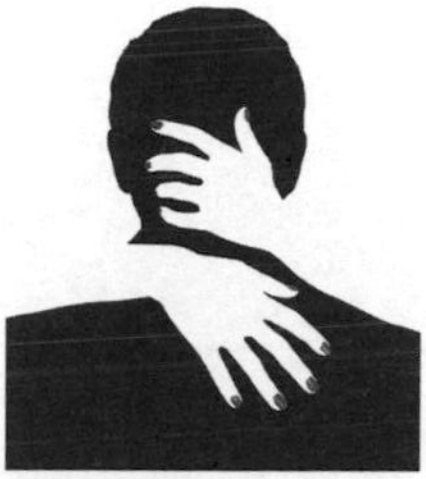

放下，人生才能前進

孫麗 主編

Foreword

前言

一個年輕人四處尋找解脫煩惱的祕訣。他見山腳下綠草叢中一個牧童在那裡悠閒地吹著笛子，十分逍遙自在。

年輕人便上前詢問：「你那麼快活，難道沒有煩惱嗎？」

牧童說：「騎在牛背上，笛子一吹，什麼煩惱也沒有了。」

年輕人試了試，煩惱仍在。於是他只好繼續尋找。

他來到一條小河邊，見一老翁正專注地釣魚，神情怡然，面帶喜色，於是便上前問道：「您能如此投入地釣魚，難道心中沒有什麼煩惱嗎？」

老翁笑著說：「靜下心來釣魚，什麼煩惱都忘記了。」

年輕人試了試，卻總是放不下心中的煩惱，靜不下心來。於是他又往前走。

他在山洞中遇見一位面帶笑容的長者，便又向他討教擺脫煩惱的祕訣。

老年人笑著問道：「有誰捆住你沒有？」

年輕人答道：「沒有啊？」

老年人說：「既然沒人捆住你，又何談擺脱呢？」

年輕人想了想，恍然大悟，原來他是被自己的心所束縛住了。

世上本無事，庸人自擾之。其實很多時候，煩惱都是自己找的，要想從煩惱的牢籠中解脫，首先要「心無一物」，放下心中的一切雜念。由此想到了蕭伯納的那句話：「痛苦的祕訣在於有閒工夫擔心自己是否幸福。」

心態可以改變人生。縱觀逝去的歲月，你就會驚訝地發現：在過去的生活和工作中，你所持的心態與你最終的成就居然有那麼大的關係。如果你被迫去完成自己的工作；如果你是以奴隸般的態度去從事工作；如果你在工作中不抱持任何大的希望，甚至在工作中看不到任何希望，覺得工作只不過是聊以糊口，勉強度日而已；如果你看不到未來的曙光；如果你只看到貧困、匱乏和艱難；如果你認為自己命中注定沒好日子過……那麼，你就決不會擁有幸運與成果。

相反，不管你今日如何貧窮，如果你能看到更好的將來；如果你相信自己有朝一日會從單調乏味的工作中崛起；如果你相信自己有朝一日會從目前的陋室搬進溫馨、舒的住宅；如果你方向明確，眼睛緊盯著你希望達到的目標，並相信你完全有能力達到你的目標……那麼，你必將有所作為。

為什麼有些人就是比其他人更幸運，擁有更好的工作和人際關係、更健康的身體，整天快快樂樂，享受高品質的人生，似乎他們的生活注定比別人過得好，而許多人全年無休忙忙碌碌地卻只能維持生計……

一位哲學家說：「你的心態，就是你真正的主人。」又說：「要嘛是你駕馭生命，要嘛是生命駕馭你。你的心態將決定誰是坐騎，誰是騎師。」

有些時候，人心就是因為太執著了，才會停頓下來，在原地而無法前進……因此，放下面子，才不會被面子纏住；放下壓力，才不會被煩惱束縛；放下自卑，就可以抬頭挺胸；放下昨天，今天就是一個陽光燦爛的日子。

CHAPTER 1

進步雖小，總有噴發的時候

1．一點點進步會帶來巨變／016
2．成功源於心態已經歸零／019
3．每天想像自己從零開始／024
4．大海是從小水滴凝聚的／026
5．傲雪臘梅不曾放棄嚴冬／029
6．好字是一天天練出來的／032

CHAPTER 2

善用時間，莫讓時間空流過

1．金錢買不到的東西／038
2．學會跑在時間前頭／041
3．人的一生只有三天／044
4．高品質地利用時間／048

5・把時間用在刀刃上／050
6・最重要的事首先做／052
7・做足準備也會誤事／054
8・珍惜你手中的時間／057
9・守時是最大的禮貌／059
10・你真的沒有時間嗎／062

CHAPTER 3

放低心態，別拿自己當回事

1・張揚易惹禍端／068
2・慎防盛名之累／071
3・學會韜光養晦／073
4・適時收斂光芒／076
5・柔弱勝過剛強／078
6・人前表現笨拙／081

CHAPTER 4

學會欣賞，讓你處處受歡迎

1．人際溝通，因為欣賞而融洽／088
2．渴望重視，人性的深切心理／091
3．引發潛能，欣賞是最佳方法／093
4．創造奇蹟，欣賞的最大作用／096
5．互補促進，欣賞利人又利己／100
6．消除嫉妒，欣賞能輕鬆做到／102
7．培養自信，坦然地欣賞他人／105
8．處世祕笈，發現讚美的魔力／108

CHAPTER 5

捨得一切，該放手時就放手

1．如果什麼都能夠捨得，就會看開了／112
2．如果有太重的得失心，就會很難過／115

3．如果有太多的捨不得，就會很痛苦／118
4．如果魚與熊掌不兼得，捨魚取熊掌／121
5．如果糾纏住後悔不放，則愚蠢至極／126
6．如果只是一味地堅持，就會很受傷／129
7．如果毫不猶豫地放棄，就會有轉機／132
8．如果摘下了有色眼鏡，就少些偏見／135
9．如果不再顧慮小過失，就會很輕鬆／138
10．如果認定的大門不開，不妨換個窗／141

CHAPTER 6

持平常心，淡然處世最聰明

1．身在何處都要學會坦然／146
2．建一道寵辱不驚的防線／149
3．寂寞何嘗不是一種清福／152
4．給心靈一片寧靜的天空／156

5·意氣用事惹出更大的事／160
6·把等待也當成一種美妙／166
7·牢騷會讓生活沒了希望／169
8·大自然中盡情放縱自己／171
9·做人做事都要存平常心／175
10·莫委屈自己去取悅別人／178

CHAPTER 7

天天輕鬆，幸福是一種感覺

1·幸福只是一種感覺／182
2·幸福也是一種態度／185
3·生活總是不完美的／188
4·無私的人是幸福的／191
5·幸福就是把握現在／193
6·擁有美德就是幸福／197

7・享受過程就是幸福／199
8・活在當下就是幸福／201
9・獲得幸福的小提議／204

CHAPTER 8

多點寬容，心就多一點空間

1・理解寬容，才能獲得更多／208
2・懂得寬容，才能品味快樂／214
3・感悟寬容，才能做到遺忘／216
4・拾起寬容，才能拋棄傲慢／219
5・放空心靈，讓它飛翔起來／221
6・放下重負，腳步自然輕快／225
7・自我約束，才會綁住自己／228
8・心若清淨，自然光明磊落／232
9・心無罣礙，自然擁有餘裕／235

第1章

進步雖小，總有噴發的時候

蝸牛的爬行速度是極其緩慢的，但牠只要每時每刻都在不停地爬，牠就一定會抵達目的地。我們每一個人都可以擁有蝸牛的精神，我們可以不斷地攀登自己生命的高峰，每天進步一點點，終有一天，我們可以在無限風光的巔峰俯視和欣賞這個美麗的世界。

1・一點點進步會帶來巨變

有一首童謠：失了一顆鐵釘，丟了一隻馬蹄鐵；丟了一隻馬蹄鐵，折了一匹戰馬；折了一匹戰馬，損了一位將軍；損了一位將軍，輸了一場戰爭；輸了一場戰爭，亡了一個帝國。

一個帝國的滅亡，一開始居然是因為一位能征善戰的將軍的戰馬的一隻馬蹄鐵上的一顆小小的鐵釘鬆掉了。

正所謂小洞不補，大洞吃苦。每次一點點變化，最終會釀成一場災難。

管理學有一個「蝴蝶效應」。紐約的一場風暴，起始條件是因東京有一隻蝴蝶在拍翅膀。翅膀的振動波，正好每次都被外界不斷放大，不斷放大的振動波越過大洋，結果就引發了紐約的一場風暴。

每次一點點的放大，最終會帶來一場「翻天覆地」的變化。

成功就是：每天進步一點點。

成功來源於諸多要素的集合疊加，比如，每天笑容比昨天多一點點；每天走路比昨天精神一點點，每天行動比昨天多一點點，每天效率比昨天高一點點；每天方法比昨天的多找一點點……正如數學中50％×50％×50％＝12.5％，而60％×60％×60％＝21.6％，每個乘項只增加了0.1，而結果卻幾乎成倍增長。每天進步一點點，假以時日，我們的明天與昨天相比將會有天壤之別。

日本企業所生產的產品向來以品質卓越著稱，不論是電子產品、家用電器、汽車等，他們的產品品牌在世界上是屬於一流的。

日本人對於品質有如此高的重視，主要歸功於一位美國的品質大師戴明博士。第二次世界大戰結束後，戴明博士應日本企業邀請，重振日本經濟。戴明博士到了日本之後，對日本企業界提出「品質第一」的倡議。他告訴日本企業界，要想使自己的產品暢銷全世界，在產品品質上一定要持續不斷地進步。

戴明博士認為產品品質不僅要符合標準，還要無止境地每天進步一點點。當時有不少美國人認為戴明博士的理論很可笑，但日本人完全照做。果然，今天日本企業的產品在世界上取得了輝煌成就。

福特汽車公司一年虧損數十億美元時，他們請戴明博士回來演講，戴明仍然強調企業要在品質上每天進步一點點，只有通過持續不斷的進步，才可以使企業起死回生重振雄風。

結果，福特汽車照此法則貫徹三年之後，便轉虧為盈，一年淨賺60億美金。讓自己每天進步1％，只要1％，我們就不用擔心自己不能快速成長。

在每晚臨睡前，不妨自我分析：今天我學到了什麼？我有什麼做錯的事？今天我有什麼做對的事？假如明天要得到我要的結果，有哪些錯不能再犯？

反問完這些問題，我們就比昨天進步了1％。

無止境的進步，就是我們人生不斷卓越的基礎。

我們在人生中的各方面也應該照這個方法做，持續不斷地每天進步1％，一年便進步了365％，長期下來，一定會有一個高品質的人生。

2・成功源於心態已經歸零

有一個籃球明星，曾經紅極一時，後來淪落到在一家洗車店裡打工。老闆要求他在擦車時摘下冠軍戒指，以免將車劃傷，但遭到了他的拒絕。他說，那枚戒指是他剩下的唯一榮耀，如果把它拿走，他就會崩潰。結果他被洗車店解雇了。

有一個股民，一開始的時候幾乎沒有什麼錢，後來炒股發了家，就對此神魂顛倒，但是一次選擇失誤，所有的錢被套住，他又回到了起步時候的情況，情緒失控就跳樓自殺了。

有一個老闆，自己創業，白手起家，企業做得很大，但是一次決策失誤，企業一下轟然倒下，老闆無法面對這種情況，覺得自己無法再過普通人的生活，便意志消沉地混起日子，最後鬱鬱而終。

上面這三個人經歷不同，但有一個共性，就是成功了一次之後，再成功第二次卻很難。讓他們回到起跑線上，心態上便承受不了了，總是還停留在過去的成功之中，而無法自拔。

這些人缺少一種叫做「歸零」的心態。什麼是歸零心態呢？就是只要遇到了環境上的變化，無論你是上班族或是老闆，就要讓自己一切從零再開始。

為什麼惠普女總裁卡莉・菲奧莉娜說過「惠普離破產還有12個月」？為什麼三星總裁李健熙說過「除了妻兒，什麼都要變」？這些企業家給我們的啟示是，如果我們的心態不歸零，始終覺得自己足夠好了，那我們就很容易被競爭所擊敗。

瓦雷讓是法國西部的一個著名商學院的學生，在校期間，非常活躍，表現也十分優秀。不過，最近他的工作讓他十分鬱悶。他覺得，他所從事的工作和當初的想像差別太大了，這不是他希望的工作，他要尋求改變。

「經理，我感到這份工作和我當初的想法有些差距，這不是我希望的工作，我要辭職。」週一的早晨，瓦雷讓把自己的辭職信放在了總經理的辦公桌上，一臉的沉重。

「哦？你當初怎麼想的，現在又是在做些什麼呢？」總經理說。

「我覺得，我的能力可以承擔更大的責任，而不僅僅是這些瑣碎的日常工作。」瓦雷讓有點滿不在乎地說。

「嗯。不錯，小夥子。你很有潛力，但你應該正視你的缺點。我來告訴你，昨天你給我的市場研究報告，總共有12處錯誤，很多錯誤都是致命的。你知道這些錯誤是什麼嗎？」總經理問瓦雷讓。

「怎麼可能？那可是我費了很大的力氣完成的！」瓦雷讓說。

「瓦雷讓，你現在的錯誤，可以由我來給你修改，如果我有錯誤的話，就會直接給公司帶來損失。你知道咱倆換換職位會有什麼結果嗎？手中的事情都做不好，怎能去承擔更大的責任？瓦雷讓，我明白你的想法。你在大學校園裡，呼風喚雨，風光無限；到了公司，你就是一個新兵，是一個普普通通的員工，你的能力可以在平時工作中體現。到了一個新的環境，你就需要有新的心態。初入職場，你必須忘掉校園裡的表現，無論是優秀的，還是糟糕的。把你的心態歸零，是你順利工作的第一步。你的辭職信暫時放在我這裡，如果你在明天上午之前，還是堅持你的想法的話，我可以答應你的要求。」總經理說。

「經理，對不起。我想我應該收回我的辭職信。」瓦雷讓說。

很多的研究生、博士生，像瓦雷讓一樣「出身名門」，在大學裡也是有口皆碑的好學生，但是到企業裡面卻吃不開，甚至找不到工作。因為這些人從一畢業就沒有把自己的姿態放低，不能接受從底層認認真真地做事情，總是以為自己就應該獲得重用，事實上他們還差得很遠。

如果我們也遇到了這樣的問題，不要抱怨我們的老闆對我們的才能視而不見，把心態歸零，從小事做起，總會有一天，我們的老闆會說我們既有才華又值得信賴，交給我們更多的責任。

另外有很多老員工，他們在公司拼搏了很多年，幫助企業取得了發展，有的人還是企業的「開國元勳」。但是企業發展好了，這些人反倒滿足於現狀，抱著「吃老本」的心態混在公司，稍有不如意，就擺出老資格的姿態發脾氣，增加了企業管理上的難度，變相增加了管理成本。結果企業不是越做越好，反而越做越差。

還有一些精英，有著多年的行業經驗、出眾的個人能力、卓越的業績以及良好的業界口碑，被企業挖去做經理人。但是，過去只能意味著結束，如果過於看中過去，過去也就成了包袱。也許正是這樣，太多不適應新環境，臨場發揮失常的職業經理人，最後抱憾離去。

這些人都沒有很好地做到心態歸零，所以他們只能取得暫時的成功，卻無法將小的成功變成大的成就，不能讓自己從優秀走向卓越。

心態歸零，是為了更好地前進，為了取得更大的成功。心態的每次歸零都將是一個自我完善的過程，一個自我提高的機會。讓我們時刻保持清醒的頭腦，為下次進攻做更好的準備。我們時刻會面臨著新的工作環境，會遇到新的問題，這意味著我們過去的輝煌已經結束，必須時刻為新的開始做好準備。

如何做到歸零心態呢？就是把每一天都當做嶄新的開始，把自己的姿態放到最低，堅持不懈地改善。永遠不要去想我們已經有多好，而是要眼光緊盯我們下一階段的更大的目標。永遠不要去想別人有哪些缺點，而是想自己還有哪些不足。

3．每天想像自己從零開始

做一個成功者，有一個必不可少的條件——就是要有每天堅持的精神。也許有人認為自己已經很強大，不會擔心任何困難，但是當真正的困難來臨的時候，他們還會變得手足無措。因此，我們不妨這樣想像，每天我們都是從零開始的。

日本的中田修就是一切從零開始的開拓者。

中田修曾到美國軍隊當過僕役，做過黑市小販，印刷公司職員，走馬燈似地換了十幾次工作。不是被辭退，就是工作不順心，經常在街頭數電線杆。

有一天，他又徘徊在東京一條又一條街道巷弄之間，感到萬念俱灰，決心以自殺來結束自己的無限煩惱和痛苦。

這時候，彷彿冥冥之中有神向他伸出了援助之手，他無意瞥見了附近有一塊掛著的「壘澤設計研究所」的招牌，這塊招牌喚醒了他當印刷公司職員的願望，他終於打消了自殺的念頭，決心從零開始創立設計學校。

原來，中田修在印刷公司工作時，就被公司設計師優厚的待遇迷住了。為了擺脫饑餓，中田修下決心做個設計師，開一家屬於自己的公司。當時並沒有學習設計的學校，中田修便利用工作的方便，把設計公司的作品帶回家研究，自學設計方面的書籍，堅持了半年，終於學會了設計技術。

在放棄了自殺念頭後，中田修認真地想辦法去完成自己的心願。沒有雄厚的資金，他通過報紙上的「讀者欄」招收學生，開始只辦「週日教室」。以後又租借公共場所作為教室，以便容納更多的學生。為籌措辦學資金，他向阪隱公司的經營學習，把「前金制」引入學校的建設之中。

所謂「前金制」就是預收學費的制度。想不到大家竟然還能接受，於是，慢慢地，一個正式的設計學校就成形了。

一九五九年4月，「東京設計所」在大阪成立。起名東京，是為了紀念東京那間挽救了中田修性命的設計所。後來，在中田修苦心經營下，「東京設計所」終於成了日本一流的設計研究所。即使已經取得了成功，中田修也沒有知足，他時刻告誡自己，公司每天都是從零開始的。

4．大海是從小水滴凝聚的

華盛頓一家公司被法國一家公司兼併了，在兼併合同簽訂當天，公司新總裁就宣佈：「公司不會隨意裁減人員，但如果你的法語水準太低，無法和其他員工交流，那麼，公司不得不請你離開。這個月底公司將進行一次法語考試，考試及格的人留在公司繼續工作，不及格的人則要離開了。」

聽到這個鄭重的宣佈，人們心裡都沒底，幾乎所有人都湧向了圖書館，他們這時才想補習法語。只有一位員工例外，他沒有去圖書館，直接回家了，別人還以為他要放棄這裡的工作呢。

到了月底法語考試如期進行了，兩天後宣佈考試結果。令所有人吃驚的是，這個在大家眼中肯定是沒希望的人卻考了最高分。

人們感覺很奇怪，就問這位員工。這個人告訴他們，他在大學剛畢業來到這家公司之後，就已經認識到自己身上有很多不足了，從那時起，他就有意識地學習提高自己。他看到公司的法國客戶很多，但自己不會法語，每次與客戶的往來郵件與合同文本都要公司的翻譯幫忙。但翻譯並不是就對他負責的，公司的很多事情都要由翻譯來做，所以難免有顧不上的時候，這樣他自己的工作就沒有辦法進行。因此，他慢慢意識到法語對他的重要性，就開始自學法語。

而學習一門語言也不是那麼容易的事情，在於堅持和積累，他一邊工作一邊學習，難度就更大了，那麼他是如何解決工作與學習之間的矛盾的呢？他說：「只要每天記住10個法語單詞，一年下來我就會三千六百多個單詞了。」

就是靠一天記住一點點，他學會了法語。

前洛杉磯湖人隊的教練派特雷利在湖人隊處於最低潮時，告訴球隊的隊員說：「今年我們只要每人比去年進步1%就好，有沒有問題？」球員們一聽，才1%，很容易。高聲回答：「沒問題！」於是那一年湖人隊在罰球、搶籃板、助攻、抄截、防守五方面都各進步了1%，結果居然得了冠軍。

當有人問派特雷利教練如何在一年的時間取得成功時，他說：「每人在5個方面各進步1%，則為5%，12個人一共60%，一年進步60%的球隊，你說能不得冠軍嗎？」

這就是成功法則。只要我們每天也遵循這個法則，讓自己每天進步1％，就不用擔心自己不成功了。只要今天比昨天進步了1％，並且無止境地進步，就是我們人生不斷走向卓越的基礎。

人生有時候就差那麼一點點，如果我們每天與別人差一點點，幾年下來，幾十年下來，差距就會很大。

5・傲雪臘梅不曾放棄嚴冬

如果我們希望取得某種現實而有目的的改變，那麼，我們必須採取某種現實而有目的的行動。這對於我們是否能夠主宰自己的生活至關重要。

為了主宰自己的生活，我們就要積極地行動。其實，每個人都具備著充分發揮上帝賦予我們的潛能的必要工具、能力和條件。但是，真正想發揮出潛能，就一定要去實際地做事情——目標明確且持之以恆地去行動。

一九一五年，俄國的一位27歲青年寫了一篇作品《愚笨的一天》，寄給了當時《記事月刊》的編輯高爾基。兩週之後，高爾基退回了原稿，並附上一封信：「故事的題材很有趣，但寫得不好：沒有寫出背景，對話沒有趣味，主人的體驗的戲劇性寫得不清楚。你再試試寫點別的東西吧。」

從此，這位青年13年沒有動筆。他悲觀失望了嗎？沒有。十月革命後，他領導了「高爾基工學團」，使一批被舊生活殘酷蹂躪的流浪兒變成了社會新人。在教育、改造「流浪兒」的過程中，他閱讀了古典文學名著，投入生活激流，寫了大量的讀書筆記，搜集、整理了「流浪兒」在蘇聯黨和政府的關懷下健康成長的生活史實。

高爾基從義大利回國後，特意來到了「高爾基工學團」，並跟這些失足青少年生活了三天。高爾基在與「流浪兒」愉快、親密的交流中，不僅鞏固了他與「流浪兒」建立起來的深厚情誼，而且看到了當時國內到處存在的兒童流浪和兒童犯罪的現象，以及一位青年是用怎樣的態度和方法去挽救這些「流浪兒」的。尤其是，高爾基聽了這位青年的彙報後，對於他在教育、改造失足青少年中付出的艱苦勞動更為感動。

高爾基熱情鼓勵他一定要把這段有意義的生活記錄下來，請他寫一部書。高爾基說：「你做的這一切真使我感動，你應該把這一切都寫出來，不應沉默。不應該把你在艱苦工作中獲得的成就祕而不宣。寫一本書吧！」

這位青年在十幾年生活積累的基礎上，在高爾基熱情的幫助下，只用了兩個月的時間，就創作了一部著名的長篇小說《教育詩》。《教育詩》的扉頁上寫道：「謹以一片忠誠和熱愛，獻給我們的領導人、友人和導師馬克沁·高爾基。」

這位青年就是後來的蘇聯著名教育家、作家馬卡連柯。馬卡連柯在回憶13年前的往事時說：「讀高爾基的退稿信時，我非常明白，我沒有寫作本領，我需要學習。很可能，在我心靈的深處已經留下一道不愉快的印痕，但是，我仍然認真地不斷地學習著。」

接到退稿信後不氣餒，認真彌補自身的不足，通過勤奮的學習，終於取得了成功，這就是馬卡連柯留給我們的重要啟迪。

一個人度過一生的方式有很多。有的人可能聽天由命終其一生，逆來順受，麻木不仁；有的人可能沿著父輩安排好的一切循規蹈矩地生活著，按部就班，無憂無慮；有的人可能會因遇到波折而一蹶不振、怨天尤人、失去鬥志；有的人可能儘管困難重重但仍然一往無前、披荊斬棘、苦盡甘來。我們應該成為後一種人。

生命對於每個人只有一次，只有不曾放棄年輕時夢想的人生才會更富有內涵，更值得回味，也才會彌香久遠。「不經寒風徹骨痛，哪能香氣撲鼻來？」臘梅不曾放棄冬的嚴寒，傲立雪中，才迸發出了獨特的生命芬芳。

沒有追求的生命是暗淡無光的。追求讓生命大放異彩，生命在追求中閃光！

6・好字是一天天練出來的

我們的世界經歷了無數次的變革，每個時代都有很多執著的人。當然，在不同的時代，執著也有著自己不同的含義，但它有一個永恆的意義就是堅持不懈。

晉代書法家王羲之，練得一手好字，他為了練習寫這一手好字，把一池的水都染黑了，他經歷了多少「寒徹骨」又有誰知道？但是他最後成功了。

唐宋散文八大家之一的曾鞏曾寫到「羲之之書晚乃善，則其所能，蓋亦以精力自致者，非天成也。」這恰恰證明了執著是開啟成功大門的鑰匙。

王羲之從七歲起就開始學習書法。他的老師衛鑠，是個很有名氣的女書法家，人們稱她衛夫人。衛夫人很喜歡王羲之這個聰明的學生，不但盡心地教他練字，還常用前人練字的故事來鼓勵他。

一次，王羲之問衛夫人：「我怎樣才能快點把字練好？」

衛夫人看到王羲之急切的樣子，就說：「孩子，不要急，我先給你講個墨池的故事吧！東漢的時候，有一個名叫張芝的人。他為了練好字，天天在自家門前的池塘邊，蘸著池水研墨練字。字寫完了，就在池塘裡洗涮筆硯，日子一久，洗出的墨汁把整個池塘都染黑了。後來，他的字越練越好，寫的草書筆勢活潑流暢，富於變化，大家都管他叫草聖……」

王羲之一邊聽著張芝的故事，一邊想：張芝為了練好字，洗筆硯的水把池塘都染黑了，他下的工夫多大啊！要是自己也像張芝那樣刻苦，一定也能把字練好。

從那以後，王羲之練字更加努力了。他也像張芝一樣，每天練完字，就到門前的池塘裡洗筆硯。時間一長，原來清澈的池塘，也變成了墨池。

後來，王羲之每搬到一處，都要在門前洗筆硯，留下的墨池比張芝的還要多。北宋的文學家曾鞏，十分欽佩王羲之的勤奮刻苦精神，他特地寫了一篇《墨池記》的文章來讚頌他。

王羲之不僅對自己要求嚴格，在他的「教子經」中指出，習業在於勤，勤奮仍然是非常重要的。

王羲之的幾個兒子都擅長書法，最有成就的是第七個兒子王獻之。

王獻之從小就跟著父親學習寫字。八歲那年，有一天他正在專心致志地練字，王羲之想試試兒子的腕力如何，就悄悄地走到他身後，猛地去拔他手中的筆桿。沒想到，王獻之的手握得很緊，竟沒拔出來。王羲之見兒子年紀不大，卻有這樣強的腕力，高興地說：「這孩子的書法，將來一定會有出息的！」

王獻之見父親誇讚自己，練字更加用心了。過了一兩年，他覺著自己的字寫得很不錯了，就拿給父親看。王羲之看了看，覺得功夫還不到家，就在他寫的一個「大」字底下加了一點，改成一個「太」字。王獻之見父親沒有誇讚自己，又把自己寫的字拿去給母親看，母親看過之後，指著那個「太」字說：「依我看，你寫的這些字裡，還只有這個『太』的一點『、』的筆力像你父親。」

聽了母親的話，王獻之羞愧地低下了頭。他感到自己的功夫還差得很遠，就去向父親請教。他對父親說：「您能告訴我練字有什麼竅門嗎？」

王羲之把兒子叫到窗前，指著院子裡的十八口大缸說：「你先要把這些大缸裡的水，磨墨練字，用完了，竅門自然就有了。」

王獻之聽了父親語重心長的話，明白勤學苦練才是練字的「竅門」。從此他更加勤奮地練字，後來終於成了有名的書法家，人們常把他們父子並稱為「二王」。

俗話說勤能補拙、永不停息的進取精神，對每一個想要有所成就的人都是很重要的。每一個成功的人，每一位有作為的人，他們無一不是與勤奮有著深沉的緣分，有著難解難分的牽連，他們的勤奮，他們的忍耐，也許常人難以想像得到。只要能堅持勤於工作，就會有成功的必然。

在人生的舞臺上能演出最好的自己的人，他們的努力和付出的代價雖然各不相同，但是，他們的勤而不怠卻是相同的，他們的成功也是相等的。

第2章

善用時間，莫讓時間空流過

人類的生命是短暫的，因為自人出生以來就受著時間的「剝奪」。時間就像是肆意的魔鬼，無情地「牽引」著生命一步步走向滅亡。但是，在時間面前，人類並不是無能為力的，抓住每一秒鐘，不讓時間白白地流失，我們的生命就會煥發出異樣的光彩。

1．金錢買不到的東西

一個人真正擁有，而且極度需要的只有時間。其他的事物或多或少都會曾經為他人所擁有。像呼吸的空氣、在地球上佔有的空間、走過的土地、擁有的財產等，都只是短時間擁有。時間如此重要，但仍有很多人隨意浪費掉唯一的寶貴時間。

在佛蘭克林報社前面的書店裡，一位男士在猶豫了將近1個小時後，終於開口問店員：「這本書多少錢？」

「1美元。」店員回答。

「1美元？」這人又問，「能不能便宜點？我很需要這本書。」

「它的價格就是1美元，先生。」店員答道。

這位顧客又看了一會兒，然後問道：「佛蘭克林先生在嗎？」

「在，他在印刷室忙著呢。」

「那好，我要見見他。」這個人堅持一定要見佛蘭克林。

於是，佛蘭克林就被找了出來。

這個人問：「佛蘭克林先生，這本書你能不能出個最低的價格？」

「1美元25美分。」佛蘭克林不假思索地回答。

「1美元25美分？你的店員剛才還說1美元1本呢！」

「這沒錯，」佛蘭克林說，「但是，我情願倒貼你1美元，也不願意離開我的工作。」這位顧客驚異了，他心想，算了，結束這場自己引起的談判吧，他說：「好，這樣吧，你說這本書最少要多少錢吧？」

「1美元50美分。」

「啊，怎麼又變成1美元50美分？你剛才不還說1美元25美分嗎？」

「對。」佛蘭克林冷冷地說，「我現在能出的最低價格就是1美元50美分。」

那人沒有再說什麼把錢輕輕放在櫃檯上，拿起書走了出去。這位著名的物理學家、政治家給他上了終生難忘的一課：對於有志者，時間就是金錢。

太多人浪費80%的時間在那些只能創造出20%成功機會的人身上；雇主花費太多時間在那些最容易出問題的20%的人身上；經紀人花費太多時間在不按時參加演出工作的演員或模特兒身上；政治家花費多數時間為20%的有問題或就是問題本身的人運作議事，而那些人甚至不是當初投票給他們的選民。

瑪麗・露絲在《節約時間與創意人生》一文中寫道：「我的工作有一部分是市場諮詢，我必須常常要和人們討論如何建立事業。我通常會建議他們，可以自由運用自己的時間，但最重要的時間應該優先留給那些幫助自己建立事業、認真想成功和願意協助自己達到成功的人的身上。」

許多人日復一日花費大量的時間，去做一些與他們夢想不相干的事情。不要成為他們其中的一分子，讓我們生命中的每個日子都值得「計算」，而不要只是「計算」著過日子。

「你熱愛生命嗎？那麼，別浪費時間，因為時間是組成生命的材料。」佛蘭克林如是說。時間是生命，時間是金錢，而只有那些能充分利用時間的人，才會衡量時間的價值。

2．學會跑在時間前頭

一天究竟有多長，我們這樣問過自己嗎？如果你的答案是24小時，那你的一年就只能有12個月；如果你的答案是一天不僅僅有24小時，那麼你的一年就能有13個月。這長出來的第13個月，就是你和時間賽跑的成果。

陳子龍從小和祖母待在一起，他非常愛自己的祖母。但祖母在他上小學的時候去世了，陳子龍感到非常悲傷，哀傷的日子持續了很久。有一天爸爸對他說：「時間裡的事物，都永遠不會回來。你的昨天過去了，它就永遠成為昨天，有一天你會長大，你會像祖母一樣老。今天你度過了你的時間，今天就永遠不能回來了。」

聽到爸爸的這段話以後，陳子龍每天放學回家，在庭院看著太陽沉進山頭，他知道自己永遠不會有今天的太陽了。這使他很著急，而且很悲傷。有一天放學，陳子龍看到太陽西斜，就下定決心說：「我要比太陽更快地回家。」陳子龍狂奔著跑回家去。當他站在院子前喘氣的時候，看到太陽還露著半邊臉，他高興得跳了起來，那一天，他跑贏了太陽。

以後他就常做這樣的事情，有時和太陽賽跑，有時和西風比快，有時一個暑假才能完成的作業，他10天就做完了。那時他三年級，常常把哥哥五年級的作業拿來做。每一次勝利時，陳子龍就快樂得不能形容。

陳子龍心裡明白了，時間並非不可戰勝，人只要有戰勝一切的勇氣，邁開雙腿，就能夠跑在時間的前面！

乒乓球國手鄧亞萍的成功有目共睹，她的教練在評價她之所以獲得成功時，說了這樣一句話：「只是因為鄧亞萍有能力與每一天的時間賽跑。」確實，當我們了解到鄧亞萍怎樣度過每一天時，我們就會明白她的一天有多長！

早晨5點鐘起床，5點半出門；6點30分做熱身運動；6點30分至9點30分進行正常的例行計畫訓練；10點鐘在學校上課，16點下課；16點至19點在體育館繼續訓練；19點至23點在家做功課；然後上床睡覺。

當別的孩子在早晨走出家門之前，鄧亞萍就已經正式開始了每日的訓練；當別的孩子在電視機前消磨掉每一天的大部分課餘時間時，鄧亞萍還在練球；當別的孩子還未將一天的最後時間從餐桌或遊戲房找回來時，鄧亞萍已經開始了另一天。

就這樣，鄧亞萍和時間賽跑，跑贏了時間，跑贏了自己。

雖然我們不再擁有年少的青春，但慶幸我們還算年輕，還沒有老到邁不動腿的地步，我們還有大把的時間享受生活，感恩生活，讓我們與時間賽跑吧，籌畫好我們的生活，成為跑在時間前面的人，相信人生的舞臺同樣很精彩！

3·人的一生只有三天

世界上的偉人諸如元首、科學家、發明家、文學家等，最成功之處就是運用時間的成功，他們都是運用時間的高手。

德國著名的文學家歌德一生勤奮寫作，作品極為豐富，有劇本、有詩歌、有小說、有遊記，一生留下的作品共有140多部，其中世界文學瑰寶——《浮士德》，長達12111行。歌德為什麼能取得如此驚人的業績？原因就在於他一生非常珍惜時間，把時間看做是自己的最大財產。他在一首詩中這樣寫道：「我的產業多麼美，多麼廣，多麼寬！時間是我的財產，我的田地是時間。」

有一次，歌德在他孩子的房間裡，看見他孩子的紀念冊的一頁上摘抄著一段話：「人生有兩分半的時間：一分鐘微笑，一分鐘歎息，半分鐘愛，因為在這愛的半分鐘裡他死去了。」

歌德看後十分生氣，他認為這是對人生極不嚴肅的態度，是對珍貴的時光的嘲弄。他臉上帶著不滿意的神色，提筆在這段話的下面寫了這麼幾句：「一個鐘頭有60分鐘，一天就超過了一千分鐘。孩子，要知道這個道理，人能夠作出多少貢獻。」

歌德是這樣說的，也是這樣做的。

他一生中把一個鐘頭當60分鐘用，視時間為生命，從不浪費一分一秒，直到一八三二年2月20日，這位將近84歲的老人在臨死前還伏在桌上專心致志地寫作。

法國著名科普作家凡爾納每天早上五點鐘起床，一直伏案寫到晚上8點。在這15個小時中，他只在吃飯時休息片刻。當妻子來送飯時，他搓搓酸脹的手，拿起刀叉，很快填飽肚子，抹抹嘴，又拿起了筆。他的妻子關切地說：「你寫的書已不少了，為什麼才吃完，就又動筆，也不休息一下？」

凡爾納笑著說：「你記得莎士比亞的名言嗎？放棄時間的人，時間也放棄他。哪能不抓緊呢？」

在40多年的寫作生涯中，他記了上萬冊筆記，寫了104部科幻小說，共有七、八百萬字，這是一個多麼驚人的數字！一些感到驚異的人就悄悄地詢問凡爾納的妻子，想打聽凡爾納取得如此驚人成就的祕訣。

凡爾納的妻子坦然地說：「祕密麼，就是凡爾納從不放棄時間。」

他們是時間面前的強者，是駕馭時間於手掌中的成功者。他們現在的每一分鐘，是經過了無數分鐘的拼搏後才換來的。

寒冬易暑，天回地轉，時間的腳步是無聲也是急促的。它不會為動作慢的人放慢腳步，也不會給無端延誤時間的人以任何寬恕，更不會給無度揮霍時間的人以任何諒解。

在美國夏威夷島上，學生們每天上課時，總是先要背誦一段這樣的祈禱詞：一個人的一生中只有三天——昨天、今天和明天。

昨天已經過去永不復返不再回頭。今天已經和你在一起，但很快也會悄無聲息地過去。明天就要到來，也會消逝不可等待。抓緊時間吧，一生只有3天。

讓我們再重溫一下朱自清先生的名著《匆匆》吧：洗手的時候，日子從臉盆裡過去；吃飯的時候，日子從飯碗裡過去；默默時，便從凝然的雙眼前過去。我覺察他去的匆匆，伸出手遮挽時，他又從遮挽著的手邊過去。天黑時，我躺在床上，他便伶伶俐俐地從我身邊跨過，從我腳邊飛過去了。等到我睜開眼和太陽再見，這算又溜走了一日。我掩著面歎息，但是新來的日子的影兒又開始在歎息裡閃過了。

時間是無情的，然而時間對我們每個人又都是公平的。在我們每個人出生時，世界送給我們最好的禮物就是時間。不論對窮人還是富人，這份禮物是如此公平：一天24小時，我們每一個人都用它來投資經營自己的生命。有的人很會經營，1分鐘變成2分鐘，1小時變成2小時，一天變成兩天……用上天賜予的時間做了很多的事，最終換來了成功。

4・高品質地利用時間

有一句話，人們說了好多遍，乃至人們對這句話已經無動於衷，但它卻是不滅的真理。這就是魯迅先生所說的：「時間就像海綿裡的水，只要你去擠，它總是有的。」

瑪麗・斯坦納德的丈夫曾經在美國一家醫藥公司擔任銷售部經理，由於公司裁減冗員，最近被解雇了。多方尋找，他也找不到合適的工作，於是，在被解雇的一年後，他和瑪麗決定用自己家裡的積蓄買一家商店。以前，瑪麗的真正興趣和天賦是做新聞記者工作，但是自從生了孩子以後，她辭去了工作，從此，再也沒有機會做自己喜愛的事情了。

有一天，瑪麗決定每天把孩子送到學校，做完家務活，在店裡幫助丈夫，算一天的賬目，照看住在附近的媽媽之後，再開始動手寫點東西，這樣或許能掙點稿費，畢竟，他們真的需要一些額外的收入。她的丈夫自告奮勇地說：「我來幫忙，我每天哄孩子入睡，晚飯我來做。」但是，到了第五天，當瑪麗離開打字機時，她累得簡直連一句話都說不出來了，腦子也不轉了。

瑪麗・斯坦納德的一個朋友，讀過關於「充分利用高品質時間的原理」的文章後，建議瑪麗把諸如家務活、記賬推遲到下午，並經由丈夫的同意，只是在午飯前和要閉店時才去幫他，因為這時的顧客最多。她充分利用每天起床後到早飯前的1小時和9點半到11點半這兩個小時進行自己的業餘創作。終於，她找到了適合自己的方法。

一星期後，她對丈夫說：「實際上，我可以用這3個小時幹5個小時的活。」一年後，她已經成了地方報紙的兼職記者和許多全國性雜誌的正規撰稿人了。

正如達爾文所說：「我從來不認為半小時是微不足道的很小的一段時間。完成工作的方法，是愛惜每一分鐘。」

創造時間不僅是重視時間的數量，更重要的是注重時間的品質。高品質地利用時間就是變相地拉長了時間。

5．把時間用在刀刃上

「把時間用在刀刃上」，這句話值得大家來反省，我們應該學會把時間投資在真正重要的事情上。

馬戲團曾經有個馴獸師，他聽說從未有人看見駱駝倒著走，而且大家都認為駱駝只會往前走，不可能倒退走。

於是這名馴獸師就決定要向這個「不可能」挑戰，他要訓練一隻會倒退的駱駝！他不斷辛勤地訓練，經過多年的努力，終於成功了。

要進行演出了，觀眾從四面八方湧來，因為宣傳和廣告都保證，這次的演出將令觀眾大開眼界。

場子正中央，站著那位馴獸師，正在津津樂道地說明駱駝倒退走的奇觀。成千的觀眾卻面面相覷，一臉的迷惑，每個人的表情都彷彿在說：「那又怎樣？」

確實，那又怎麼樣。浪費時間在沒有多大意義的事情上，就算是真的做了一件前無古人的事，那又怎麼樣呢？有什麼意義呢？

在美國企業界裡，與人接洽生意能以最少時間發生最大效力的人，首推金融大亨摩根。摩根每天上午9點進入辦公室，下午5點回家。有人對摩根的資本進行了計算後說，他每分鐘的收入是30美元，但摩根自己說好像還不止。

所以，除了與生意上有特別重要關係的人商談外，他還從來沒有與誰談話超過5分鐘。通常，摩根總是在一間很大的辦公室裡，與許多職員一起工作，他不像其他的很多商界名人，只和祕書待在一個房間裡工作。

摩根會隨時指揮他手下的員工，按照他的計畫去行事。如果我們走進他那間大辦公室，是很容易見到他的，但如果我們沒有重要的事情，他絕對不會歡迎我們的。

摩根有極其卓越的判斷力，他能夠輕易地猜出一個人要來接洽的到底是什麼事。當他對一個人說話時，一切拐彎抹角的方法都會失效，他能夠立刻猜出對方的真實意圖。具有這樣卓越的判斷力，使摩根節省了許多寶貴的時間。

成功者最可貴的本領之一，就是能把時間用在刀刃上，只做有意義的事，避免無謂的干擾。

6・最重要的事首先做

馬迪受聘於某大學商學院院長。他一上任先研究商學院的大概情形，發現當前最迫切需要的是資金。他知道自己募款能力很強，於是很明確地將募款列為首要任務（學校募款由老師出面，在美國是很平常的事）。

這時問題產生了。過去的院長都是以院內的日常事務為工作重心，而這個新院長卻總是不見蹤影，因為他正在全國巡迴募款，以充實院內的研究經費、獎學金等。但這樣一來，在日常事務方面，他便不如前任院長那麼事必躬親。教授們對他愈來愈不滿，終於派代表去見校長，要求校長命令院長徹底改變領導方式或者改選院長。但校長明白新院長的作為，便說：「別把事情看得太嚴重。院長不是有個很不錯的行政助理嗎？再給他一些時間吧。」

沒多久，外界的捐款開始源源不斷地湧進來，教授們這才了解院長的遠見。之後，他們每次看到院長都會說：「你忙你的去吧，待在這裡幹什麼？儘管去募款吧！你的行政助理能幹得很。」

這位院長後來說，他的確犯了幾項錯誤，例如沒有好好重視團隊建設，在募款之前沒有好好地對同仁解釋。如果從頭再來，他一定可以做得更好。但他也帶來了一個很重要的啟示，即人們必須不斷地自問：「目前最迫切要做的是什麼？我最人的本領和才華在什麼地方？」

這就是一個管理時間的問題。

時間管理的起始點就是設立明確的目標。如果連目標都未明確，那麼時間管理就無從談起。當我們設立了明確的目標以後，我們還要為達到目標制訂詳細的計畫。我們不僅要制定一年的計畫、一個月的計畫，還要制定一週的計畫、一天的計畫。有了詳細的行動計畫，我們才知道怎樣合理地安排時間，我們才不會無所事事。其次，要遵循一個非常重要的原則。這個原則就是在精力最充沛的時候抓緊時間做最重要的事。

「時間就是金錢」的觀念早已深入人心，做好時間管理不僅意味著豐厚的經濟利益，更能令自己的事業突飛猛進。保持焦點，一次只做一件事情，一個時期只有一個重點。聰明人要學會抓住重點，遠離瑣碎。

7．做足準備也會誤事

有句話叫「不打無準備之戰」，也就是說，在做一件事情之前，先把準備工作做足。然而，這個「做足準備」卻讓不少人吃了苦頭。

有一天，6歲的王安外出玩耍，發現了一隻嗷嗷待哺的小麻雀。他決定帶回家餵養。走到家門口，忽然想起未經媽媽允許，他便把小麻雀放在門後，進屋請求媽媽。在他的苦苦哀求下，媽媽答應了。但是，當王安興奮地跑到門後時，小麻雀已不見了，看到的是一隻意猶未盡的黑貓。原來，小麻雀已經成了黑貓的腹中餐了。

一些人在事情到來之時，總是先有積極的想法，然後頭腦中就會冒出「我應該先……」這樣一來，我們的一隻腿就陷入了「做足準備」的泥淖。一旦陷入，結果就很難說了。我們會顧慮重重，不知所措，無法定奪何時開始……時間一分一秒地浪費了，我們會陷入失望情緒裡，最終只有以懊悔面對仍懸而未決的事情。

由此可見，「做足準備」固然可以降低我們的出錯率，但致命的是，它會讓我們失去成功的機遇。

所以，不管從事什麼行業，我們都應當機立斷，立即行動，只有這樣，成功才會最大限度地垂青於我們。

很多時候，我們若立即進入工作的主題，會驚訝地發現，如果拿浪費在「做足準備」上的時間和精力處理手中的工作，往往綽綽有餘。而且，許多事情我們若立即動手去做，就會感到快樂、有趣，加大成功機率。一旦延遲，愚蠢地去滿足「做足準備」這一先行條件，不但辛苦加倍，還會失去應有的樂趣。

比如，一個藝術家行走在路上時，某種靈感如同閃電般閃現在他的腦海裡。如果他在那一剎那迅速執筆，把那個靈感畫在身邊的某一片紙上或者他的衣服上，必定會有意外收穫。可是這個藝術家一定要等回到了畫室，展開了畫布，調好了顏料等，才執筆捕捉。結果，待一切就緒後，無論他再怎麼苦苦思索，美好的靈感火花卻早已模糊，難覓其蹤了。

難怪有人譏諷地評判，說做事奢求「做足準備」的人，是最容易被失敗俘虜的人。從某種意義上講，「做足準備」還是個「竊賊」，它會竊取我們寶貴的時間和機遇，讓我們的工作不能迅速、準確、及時地完成。

相反地，如果我們把所有事情都付諸「立即行動」上，那麼，我們會得到意想不到的結果。

有個農夫新購置了一塊農田，可他發現在農田的中央有一塊大石頭。

「為什麼不剷除它呢？」農夫問。

「哦，它太大了。」賣主為難地回答說。

農夫二話沒說，立即找來一根大鐵棍，撬起石頭的一端，意外地發現這塊石頭的厚度還不及一尺，農夫只花了一點兒時間，就將石頭搬離田地。

也許，在開始的時候，我們會覺得做到「立即行動」很不容易，因為這樣難免發生失誤。但最終我們會發現，「立即行動」會成為我們個人價值的一部分。

當我們養成「立即行動」的工作習慣時，我們就掌握了個人進取的祕訣。當我們下定決心永遠以積極的心態做事時，我們就朝自己的成功目標邁出了一步。

8・珍惜你手中的時間

有一位哲人曾經說過，人生是個大銀行，每天都可以支取86400元，如果我們不支取，這筆錢就作廢。這86400元就是我們一天所擁有的時間，一天有86400秒可以支配，如果我們不去努力使用它，讓它得到最大的利用，那麼它就會永遠消失。其實，嚴格來說，我們並沒有這麼多時間，我們每天要用8個小時睡覺，這樣一天就少了三分之一的時間，一輩子就少了三分之一的時間。

正因如此，我們才能更加深刻地體會一寸光陰一寸金，寸金難買寸光陰。

美國著名作家海倫・凱勒（Hellen Keller）在《假如給我三天光明》中這樣寫道：我們每一個人每天都應該懷著友善、朝氣和渴望去生活，然而，當時間真的在我們面前日復一日，年復一年地流逝時，我發現我們的這些品質往往會逐漸喪失。

人的一生必然會遇到很多不如意的事情，並不是每個人天天都能開開心心，總會有一些不愉快。然而在這些不開心和不愉快中，我們的時間也在飛馳而過。回憶童年，彷彿就在昨天，想想我們的少年，好像是今天早上剛剛過去。時間過得如此之快，我們一定要養成珍惜時間的習慣，珍惜時間就是珍惜生命。

我們常常會看到那些生活在死亡陰影中的人，他們對所做的事情往往都會賦予一種特別的愛和留念。人類有這麼個弱點，當它存在的時候，人們往往不去珍惜它，只有當它將要消失的時候，人們才會知道它的可貴之處。這也就是那些生活在痛苦中的人，更加明白生命意義的原因了。

歷數古今中外有大建樹的人，沒有一個不惜時如金的。

晉朝陶淵明曾經慨歎：「及時當勉勵，歲月不待人。」法國作家巴爾扎克把時間就當做資本。而世界上最偉大的科學家之一愛因斯坦更是對時間尤其珍惜，當他76歲時，他病倒了，有個老朋友問他想要什麼東西，他說希望還能有幾個小時，讓他好把一些稿子整理好。

9．守時是最大的禮貌

法國顯赫一時的政治家、軍事家拿破崙，一次宴請部下幾位將軍，並在飯後議事。那幾位將軍遲到了。他便一個人先吃起來，等他們到後，他已經吃完了。他對他們說：「諸位，聚餐的時間過了，現在咱們開始研究事情吧！」他絲毫不理會那些不守時的將軍們的饑餓和窘境。

每逢節假日，與朋友約好一起出遊是很平常的事。儘管事先都定好了時間和地點，可是到了集合時，總會有人遲到甚至不去。「路上堵車」、「起晚了」、「車子壞了」……遲到者總是有千萬條理由一一搪塞焦急等待著他們的人。更有甚者，參加活動的多數人都已到了，某君卻遲遲不露面，一個多小時過去了，該君來電話宣稱自己「不想去了」，苦等半天的眾人此刻的興致已經掃去了不少。若是又有幾人也「不想去了」，精心準備的活動也許就此泡湯。這種不守時的人給別人留下了極差的印象，以後再有約會，恐怕也沒人請他們去了。

凡事講求高效率的現代社會中，守時已是為人處世、交際往來的重要課題；愈先進的國家對守時的觀念愈是注重。在分秒必爭、講究服務的今日，守時已是代表信用，重視顧客，以及對他人尊重的行為表現。所以，守時是人類的一種文明。

時間可以成就一個人，成功的祕訣在於守時，有時間觀念，這是一種信用。做生意、簽協議最講求時效，準時、守時是獲得別人信任的手段。而在工作中，我們也千萬不要覺得上班或辦事遲到幾分鐘無所謂。

最好每天都能堅持提前一刻鐘上班，做一些清潔工作或準備工作。我們可以先把桌子擦乾淨，然後檢查一下昨天完成的檔案，接著沖一杯咖啡，看看早報，然後就開始工作。

這樣持之以恆地做下去，上司會對我們有一個極好的印象，我們工作積極熱情的形象自然而然就樹立起來了。

那些精明、成功和有影響力的人士，並沒什麼「系統」去判斷別人和決定買誰的東西，與誰做生意，幫助或信任誰。如果我們不是守時者，別人會對我們做負面評價。可以說遵守時間是一個有助於打動別人的簡單方法。

不守時，就無從樹立自己的信譽。沒人願意信任一個連時間都保證不了的人，也不會有人樂於同拖拖拉拉、效率低下的合作夥伴做生意。所以，要建立信譽，就首先要遵守時間的約束，養成遵守時間、從不拖延的習慣。做事情從不拖延是使人信任的前提，會給人帶來美好的名聲。它最好不過地表明：我們的生活和工作是按部就班、有條不紊的，使別人可以相信我們能出色地完成手中的事情。遵守時間的人一般都不會失言或違約，都是可靠和值得信賴的。

10・你真的沒有時間嗎

有句話說，浪費自己的時間等於慢性自殺，浪費他人的時間等於謀財害命。點滴擠時法說白了就是要求大家珍惜分分秒秒的時間，將分分秒秒的時間切實地利用起來。

人生的意義在於實現自我價值，即在平凡的學習和工作中如何能不斷超越自我，實現自我價值。然而，在如此之短的生命裡，如何利用有限的生命認真學習、努力工作，去實現自我價值呢？這就需要抓住點滴時間。

時間是組成生命的元素，換言之，不珍惜時間就等於不愛惜生命。

「光陰似箭，日月如梭。」諸如此類的句子無數次出現在很多人的筆下，可又有幾個人能夠理解其中的真諦呢？在忙碌的生活中，有人想多學一點文化或技術方面的知識，可抱怨沒有時間，真的沒有時間嗎？不然，其實是我們不會「擠」。

每天早上早點起床，既可以呼吸一下新鮮空氣，愉悅心情，避免過晚起來的忙碌和著急，又可以學習知識，這不是時間嗎？中午吃飯之後，休息之前利用一二十分鐘的時間學習，這不是時間嗎？晚上下班以後，睡覺以前也有段時間，這不是時間嗎？另外，在日常生活中還可以「擠」出許多點滴時間，雖然微不足道，但絕對不容忽視。

生命的歷程是由時間所構成的，是一小時一小時、一分鐘一分鐘積累起來的。可當提到生命的意義的時候，卻沒有人會說生命的意義就是一堆時間。浪費了零散的時間，就虛度了一段生命，就浪費了無價的珍寶。

佛蘭克林是一個非常珍惜時間的人，他每天都忙碌不停地工作。他有一句名言：「時間就是生命。」一個把時間看做是生命的人，是不會輕易浪費每一分鐘的時間的。

佛蘭克林在工作的時候絕不允許任何人的打擾，他的同事們都知道他的性格，所以當他工作時大家都不去打擾他。實際上，同事們一年到頭也難以和佛蘭克林說上一句與工作無關的話。

有一天，來了一位不速之客。他特別崇拜佛蘭克林，喜歡他寫的文章，非要和他談一談。當他進來的時候，看到佛蘭克林正在喝水，他走過去就和佛蘭克林攀談了起來。佛蘭克林很不高興，因為這個不速之客淨說一些不著邊際的話。

其他的同事看到這種狀況，就過來對這個人說：「請問你想幹什麼？」這個人說：「我只想和我最崇拜的佛蘭克林先生談幾句。」同事說：「對不起，佛蘭克林先生很忙，他沒有時間聽你講話，如果你說完了，請你儘快離開這裡。」

「我只說幾句，再說，我看見佛蘭克林在喝水我才過來打擾他的。」

這個同事聽了大笑：「你只看到了他在喝水，卻沒有看到他的表情，實際上他在思考。你喜歡的那麼多作品都是佛蘭克林在這樣的零散時間裡找到靈感的。別說他在喝水，就是他在洗臉刷牙，無論幹什麼都不能打擾他。我們的報社需要佛蘭克林，佛蘭克林的每一分鐘對我們報社來講都是巨大的財富。」這個人聽了之後不好意思地走開了。

對於普通的上班族來說，每天都要浪費一定的時間坐車，這是不可避免的事情，但是妮可卻不這樣認為。

妮可是一家外貿公司的普通職員，每天到公司上班都要花半個小時的乘車時間，而這段時間裡卻無事可做，這太浪費了，一天半個小時，100天就是50個小時。

妮可決定改變這種情況。每天一上車，就拿出法語辭彙表，在短短的半個小時內記一些單詞和句子，從不間斷。

四年之後，妮可已經可以順利地進行法文閱讀了。真令人驚訝，就在車上，她掌握了一門外語。

當愛迪生領著微薄的薪水當發報員敲打著鍵盤時，他並沒有忽視那些零星時間，在敲擊鍵盤時，他想著、計畫著，對各種資訊進行試驗，利用這些零星時間，他推敲著各種發明，並為世界貢獻了價值難以衡量的新觀念。

渥淪‧哈特葛倫博士是一位博學多才的老人，他以前是一所大教堂的牧師，後來退休了。他曾經問過一位年輕人是否了解南非樹蛙，年輕人坦白地說：「不知道。」博士誠懇地說：「如果你想知道，你可以每天花5分鐘的時間閱讀相關資料，這樣，5年內你就會成為最懂南非樹蛙的人，你會成為這一領域中最權威的人。」年輕人當時未置可否，但後來卻常常想起博士的這番話，覺得這番話真的道出了許多人生哲理。

我們為什麼不給每天投資5分鐘，讓這5分鐘的時間努力使自己成為理想中的人呢？人的生命是有限的。而所有的成功人士都是安排時間的高手，成功與失敗的界限就在於如何分配時間。百萬富翁和窮人至少有一樣是完全相同的，那就是他們一天都是24小時。因此，我們如果想在事業上獲得成功，那麼必須學會珍惜和把握自己的時間，利用起時間的邊角料，使時間得到最有效的利用。

第3章

放低心態，別拿自己當回事

一個人如果太看重自己，就會只見樹木，不見森林，一股自傲的霸氣填滿胸中，很容易走向偏執狂妄的誤區。因此，一個人無論怎樣紅極一時，如眾星捧月；無論怎樣素淨質樸，如深山一隅的小草，都要心懷別太把自己當回事的意識，這是內心祥和，平淡是真，物我兩忘的表現，是一種修養，一種胸懷，更是人生境界的極致。

1．張揚易惹禍端

關於如何做人，有一本書寫道：過於張揚，烈日會使草木枯萎；過於張揚，滔滔江水將會決堤；過於張揚，好人也會變得瘋狂；瘋狂就會使人跌入萬丈深淵。細細想來真是這樣，做人不要太張揚。太張揚的人容易招人嫉妒，招人白眼，甚至會在不知不覺中，引來不必要的麻煩。

姜太公因為功高，周王把齊國封給姜太公。齊國有一個叫華士的人，為人十分清高，不向天子稱臣，也不與諸侯交往。姜太公命人去召他為國效力，連去了三次，華士都拒絕了，姜太公便叫人殺了他。

周公問姜太公：「華士是齊國的傑出人物，你怎麼殺了他呢？」姜太公說：「這個人不向天子稱臣，不與諸侯交往，難道我還能希望他向我稱臣，並且和我友好交往嗎？肯定是不可能的，這種人是可以放棄的人，也是自我放縱的人。如果不殺這種人，反而縱容他，那麼全國的民眾都會仿效他，誰還會為君王效力呢？」

少正卯和孔子是同一個時代的人，孔子的門人三盈三虛，都是少正卯在蠱惑。孔子當了大司寇以後，便立即誅殺了少正卯。子貢對孔子說：「少正卯是魯國十分有名的人物，先生卻殺了他，先生不覺得有些不妥嗎？」孔子說：「沒有什麼不妥的，人有五惡，只要得其一，君子就要誅殺之，而少正卯卻是五惡兼而有之，是小人中的小人，所以不得不殺。」

華士和少正卯之所以被殺，最主要的原因是為人高調，喜歡孤芳自賞，自命清高。姜太公和孔子殺了這兩個人並沒有掩蓋他們自己的光輝，反而使得他們的形象更加高大，後人稱讚兩人做事有魄力。而華士和少正卯兩個人卻逐漸被人遺忘，幾乎沒有人同情他們。

不要高調，無論是做人還是做事。如果為人高調，又和別人私人關係較好，或許別人會在一段時間內縱容，但心中已不愉快了，遲早會招來禍患。如果為人高調，又喜歡標新立異，自詡不和別人「同流合污」，那麼肯定也不能和別人相處長久，而且過得不愉快。

為人高調很難找到朋友。雖然大多數人喜歡和比自己聰明優秀的人交朋友，但是人們不喜歡和顯得比自己聰明優秀的人交朋友，兩者並不矛盾。比自己聰明優秀是自己由衷欽佩的，而顯得比自己聰明優秀其實並不心悅誠服。

正如一位哲人說，如果你想多一些朋友，就表現得比別人笨一些；如果你想多一些敵人，你盡可能地表現比別人聰明些。為人高調的人是表現得比別人聰明的人，是很難交到很多朋友的。

細細想來真是這樣，做人不要太張揚。太張揚的人容易招人嫉妒，招人白眼，甚至會在不知不覺中引來不必要的麻煩；我們每個人真的應該做到遇喜不形於色，遇哀不憂傷於心，寬容平淡才是真。

2・慎防盛名之累

一個乞丐在路邊乞討，有一個人對他很是同情，每天都給這個乞丐100塊錢，乞丐開始十分感激。後來，每回見到這個人就知道錢來了。這樣的日子持續了一個月。一個月後，這個人不來了，乞丐對此很生氣。又這樣過了幾個月，乞丐看到了這個人，於是跑過去問他這些日子都跑到什麼地方去了，怎麼不過來給他錢？這個人說他最近結婚了，經濟上有些拮据，所以沒有錢給他。乞丐一聽，很是生氣，大聲說道：「好啊！你居然拿我的錢去養你老婆？」

人在不知不覺中會養成這種依賴的心態，可能他們還覺得自己理直氣壯，理所當然，而別人卻因此而背上沉重的負擔。因此，對於富有的人來說，固然可以通過做善事來表達自己的愛心，但是一定不要讓別人過於依賴自己，否則自己會陷入到一個怪圈當中，倒不如當初就不給。富裕的人應該避免擁有盛名，一個人太富容易招禍，而不是招福。

有才華的人也要避免擁有盛名。擁有盛名的才子才女們要不斷花費大量的時間到無用的事情上去，而且還容易才華枯竭。

司馬遷在寫《史記》的時候，並沒有左擁右簇，相反是冷冷清清，正是因為冷冷清清，他才能靜下心來思考。

擁有盛名的人周圍往往熱鬧非凡，在這種情況下，他們很難安靜下來思考自己的事情。他們只有不停地應付別人，而且不能怠慢，把自己弄得很是疲憊，根本就沒有認真思考的時間了。

很多文學家在出名以後就很少有傑出的作品產生，雖然有他們的思維定式的原因，但他們沒有時間去改變思維也是一個重要原因。

盛名是不應該背負的，擁有盛名的人往往過得並不如意，原因就在於盛名給他們帶來了很多負擔。人的處境往往是由自己的心態決定的。人生就像爬山，爬了上去，也還是要下來的，爬得太高，在自己的心態沒有平和的情況下，一旦跌落下來，會摔得很重。

如果一個人不幸背上了盛名，那就應該學會更低調。名聲是把雙刃劍，用它裝點自己的時候，同時也是在給自己埋下隱患。人如果有一種泰然處世的心態，就會對盛名避而遠之。

3．學會韜光養晦

在時勢未到的時候，人一定要學會韜光養晦，待時而動。那些很是貧窮的人家要將地都打掃得乾乾淨淨的，而那些窮人家的女兒也要把頭梳得整整齊齊，這樣的話，雖然並沒有十分奢華的陳設和美麗的裝飾，但是卻能透露出一股自然樸實的風雅。其實對於有才的君子來說，絕對不應該為了一時的窮困憂愁或者際遇不佳而自暴自棄。

人要明白對於自己來說最重要的是什麼，絕對不是奢華的陳設和美麗的裝飾，而是自己的生存根本。一個人要牢牢掌握自己的生存之本，有了它，就不用擔心自己將來沒有發展。

青梅煮酒論英雄是歷史上最為著名的韜光養晦的故事。

曹操滅掉呂布以後，把劉備也帶回了許都。劉備為防受害，每天以種菜度日。

不久，許田圍獵，曹操過於倡狂，居然擋在皇上面前接受群臣對陛下的稱頌。關羽動了殺機，劉備急忙制止。劉備隱隱感覺到有事情會發生。

果然沒有過多少日，曹操便派了一大隊人來請劉備。劉備心裡十分惶恐。一見曹操，曹操便冷言對他說：「看你在家做的好事！」劉備大驚。幸虧曹操隨即說：「你在家種菜園不容易吧！」劉備這才放寬了心。曹操就是這種人，生性多疑，喜歡詐人，在平時的言語中這種性格也表現得淋漓盡致。

曹操因為很久沒有見過劉備了，探子回報說劉備在家種菜園，他不信。世人都說劉備是何等英雄，怎麼會甘於去種菜園呢？正好府中梅子青青，於是決定以青梅煮酒來請劉備過府一聚。劉備得知原來是喝酒，心便寬了許多。

曹操想了想，沒有多少話題可說，總不能老提人家呂布吧，呂布都已經是陳年往事了，不提也罷，而且提到呂布會讓劉備想起徐州，好不容易他自甘墮落在家種菜園，讓他想起徐州來幹什麼？於是就決定和劉備論一下天下英雄，也正好借這個機會看一下劉備是否真的淪落為種園人。

當曹操說到「天下英雄只有你和我」時，劉備嚇了一跳，筷子掉到了地上。正好這個時候有一個響雷打過，掩飾了他慌張的神情。曹操看了劉備一眼，很是不解。劉備慌忙解釋說自己怕打雷。曹操沒有多想，隨口很輕蔑地說：「大丈夫會怕打雷嗎？」劉備謝天謝地，果然讓曹操消除了對自己的疑慮。曹操像吞了隻死蒼蠅一樣，對自己認定劉備是英雄感到好笑，這種人連打雷都害怕，怎麼可能是英雄呢？真是好笑。世人對他的評價太高了，太虛了，他連劉表都不如。

劉備心裡明白，自己並不怕打雷，而是不想讓曹操知道自己有野心，因為曹操如果知道自己有野心，曹操會害怕的。所以曹操認為劉備怕打雷無所謂，只要能夠保住性命就行。其實是英雄也罷，不是英雄也罷，在任何時候，最關鍵的還是要學會保護自己，要求得自身的安全，如果自己性命都丟了，還談什麼英雄，還平什麼天下。

在現實生活中，我們不需要表現出自己有多聰明，有多能幹。事實上，很多人並不喜歡我們的聰明和能幹。這種時候，我們要善於保護自己，保全自己的實力。否則過於表現，別人會認為自己恃才傲物、目中無人。相反，只要還有實力，就一定能夠有出頭的一天。留得青山在，不怕沒柴燒。

4・適時收斂光芒

清代著名詩人鄭板橋曾經寫過這樣的話，「但願生兒愚且魯，無災無難到公卿。」意思是希望自己的兒子不要顯示得過於聰明，即便是很優秀，也希望他能夠收斂光芒，這樣可以儘量避免遭遇災禍，做到很高的位置。

秦國攻打楚國的時候，王翦為大將，統帥全國所有的兵力。但是王翦大軍出發沒有多遠，他就命令人回去找秦王嬴政討封賞。部將們疑惑不解。王翦解釋說，現在他率領的是秦國所有的兵力，秦王很難放心，如果秦王不放心，這場仗就很難打贏。向秦王討封賞，秦王就會以為他是個有得失心的人，自然不會拿全國軍隊反戈一擊，這樣才能平定楚國。

像王翦這樣的大將遇到秦王嬴政這樣雄才偉略的國君時，都不免要裝作糊塗，可見要取得國君的信任有多難。當時朝廷中一定有人妒忌王翦，怕他得勝歸來位置遠遠高於自己，必然會向秦王進讒言。這種情況下，如果王翦只是一味地以軍事為重，不懂得周旋之道，可能就真的會出師未捷身先死了。

過於優秀的人容易遭到別人的嫉妒。而有嫉妒心的人是很容易發現別人的缺點的。更何況這個世界上沒有完人，優點越突出，缺點也往往會越顯露。因此我們不要讓別人感覺自己過於優秀。

過於優秀的人往往不能合群，因為大家不願意和過於優秀聰明的人在一起，他們沒有一種欣賞的眼光，而且有一種自卑的心理。過於優秀的人往往會很孤單。試想，如果別人與我們相比處處不如我們，他自然不願意和我們站在一起。這還沒有算那些有嫉妒心的人，他們的破壞力是很驚人的。

有些道理是再明顯不過的，但是人們總是視而不見。可能人們自己沒有意識到，但是確實存在這樣的現象：人們往往對強者的毀滅有一種幸災樂禍的態度，而對弱者總是無節制地同情。正是這種心態在作怪，就要求人們必須學會收斂自己的光芒。

5・柔弱勝過剛強

馬超是為人過剛的典型例子。作為三國中的驍將，他聯合韓遂一起對曹操發動進攻，而且節節勝利。而曹操則利用馬超過剛的弱點，用反間計來離間馬超對韓遂的信任。馬超過剛，他聽不進別人的勸告，卻聽信了讒言，逼迫韓遂投降了曹操，使馬超軍隊大敗。後來馬超又被楊阜算計，被屠了宗族。這都和馬超為人過剛有很大關係。

如果一個人過分地沉浸在自己的世界裡，過分地相信自己，過分地堅持自己做人的原則，就很容易傷害到周圍的人。

明成祖朱棣攻破南京後，讓方孝孺為他起草詔書，方孝孺不願意，朱棣一再逼迫他，於是方孝孺拿起筆寫了四個字「燕賊造反」。

朱棣十分憤怒，對方孝孺說：「難道你不怕我誅殺你九族嗎？」方孝孺回答說：「你誅殺我十族我都不怕！」後來朱棣真的把方孝孺的朋友、師生算作第十族一併誅殺。

方孝孺的回答很硬氣，但是他那些朋友和師生，卻實在死得太冤枉。

相對而言，五代十國的馮道做人就不那麼剛烈，而是韌性很強。他的經歷比較離奇，他生活在五代十國的亂世中，但並沒有死在亂軍之中，相反他最後活了73歲，與孔子同壽。馮道在五代十國時期十分有名望，他並沒有像那些亂世諸侯一樣揭竿而起，而是當了一輩子官。他當官不說，而且在燕、後唐、後晉、後漢、後周、契丹六個政權中當官，在相位上近30年。他5次被封公，死後被封為瀛王。

馮道可以說是我國歷史上爭議較大的一個人物，不同的人對他的評價不同，比如歐陽修說他不知道禮義廉恥，司馬光說他是奸臣中最奸詐的；而蘇軾卻說他是佛，李贄把他歸為聖人。這些有爭議的評價我們暫且不管，關鍵問題是馮道在亂世中好好地生存了下來，而且做了很多了不起的事情。

人如果太剛不僅會讓自己受傷，而且也會讓身邊的人受傷。太剛往往表現為太講原則，很多事情認為自己辦不到，即使丟掉自己現在的一切，也辦不到。讓他說別人一句好話，他做不到；讓他攬上一個別人犯的錯誤，他做不到，他認為誰犯的錯，誰就應該承擔責任。這種人太剛，不能靈活機動，做人不夠聰明圓滑。

馮道不是一個過分講原則的人，他比較務實，怎樣做對國家和百姓有利，他就怎樣做。比如他並沒有立石重睿為皇帝，而是去迎立石重貴。後世有人以這件事情為由來說明馮道這個人圓滑，是個奸佞小人。

在人生的道路上，我們表現出適度的柔弱，既是一種修養和內涵，也是為人處世的大智慧，是潛龍勿用之時的等待，是將以有為之前的忍耐。當我們遇到危險或者比自己強大得多的敵人的時候，表現出柔弱與無助，往往能逢凶化吉。懂得柔弱之智，屈伸之術，遇事謙讓容忍，不敢為天下先，不逞一時之快，留得五湖明月在，何愁無處下金鉤，保存自己，保存實力，終會守得雲開見月明。

6・人前表現笨拙

至巧不敵至拙。一個人說十句話，如果有九次都正確，人們往往不會稱讚你，因為只要有一句話說得不對，就會受到眾多的指責；一個人如果十個謀略有九次成功，人們往往也不會十分讚賞，因為如果有一次謀略失敗，人們就會紛紛批評起來。因此，聰明的人應該寧可保持沉默，也千萬不要浮躁多言，寧可表現出來十分笨拙，也千萬不要自作聰明。

衛國人吳起是個十分善於用兵的人，他曾經為魯國國君出力。後來魯國遭到齊國的進攻，魯國國君特別想任用吳起為將軍，然而這時，有人偷偷告訴國君說吳起的妻子就是齊國人，如果任命他當將軍，魯國恐怕會很快滅亡。國君聽說後，就不敢用吳起，然而吳起一心想成功立業，於是殺了妻子，用此來表明他絕對不會去親附齊國。魯國國君看到以後，被吳起的誠意所打動，於是任命他當將軍，不久，魯國軍隊就把齊軍打得大敗。

吳起獲得勝利以後，受到了一些人的嫉妒。這些人開始詆毀吳起。他們說吳起為人猜疑殘忍。他在走投無路的情況下才來魯國，通過他所學的兵法來侍奉國君。國君一懷疑他，他就立即殺掉妻子來表明心跡，無非是想謀求一個職位。然而，魯國是個太小的國家，現在卻成了戰勝國，相信過不了多久，其他各國都會過來謀算魯國。而且魯國和魏國本來很友好，如果國君重用吳起，那麼必然和魏國結仇。魯國國君聽到這話，逐漸開始疏遠吳起。

為此，吳起鬱鬱不得志，於是跑到魏國去。

魏王問大臣：「吳起究竟是個怎麼樣的人？」大臣回答說，吳起貪戀成名而且十分愛好女色，但是如果讓他去打仗，恐怕司馬穰苴都不會是他的對手。聽了這話，魏王決定起用吳起為主將。吳起果然不負魏王重托，攻打強大的秦國也能大獲全勝，奪得了五座城池。

吳起當主將的時候，和士兵同甘共苦，跟士兵穿一樣的衣服，吃一樣的飯，睡覺從來不鋪墊褥，行軍打仗也從來不乘車馬。有一次，有個士兵生了瘡，吳起親自為他吸吮。這件事被士兵的母親知道了，立馬放聲痛哭起來。有人很是不理解，說你兒子不過是個小兵，而將軍親自為他吸吮毒瘡，你為什麼這麼悲傷？

那位母親說：「當年就是吳將軍替孩子的父親吸吮毒瘡，所以孩子的父親在戰場上只知道向前衝，從來不知道逃跑，結果死在敵人手中。現在吳將軍又替兒子吸吮毒瘡，我都不知道他以後會死在什麼地方？」

可見吳起是多麼受到士卒愛戴。魏王也因為吳起十分善於用兵打仗，而且特別廉潔，待人又很公平，於是任命他擔任西河地區的長官，主要對抗秦國和韓國。

魏王死後，新的大王即位。剛開始的時候，新大王對吳起很是器重。但是有個叫公叔的人當了國相。公叔雖然娶了國君的女兒，但是他對吳起特別畏忌。公叔的侍從分析吳起的為人，認為吳起為人有骨氣又特別喜愛名譽和聲望，因此勸告公叔跟國君說吳起特別賢能，但魏國實在太小，又與強大的秦國接壤，吳起必然沒有長久留下的意思，國君必然會問這該怎麼辦。

公叔可以建議大王用下嫁公主的辦法來試探吳起。如果吳起打算長期留在魏國，一定會十分開心地答應娶公主。如果他並沒有長久的打算，他肯定會推辭。然後公叔再找個機會請吳起一起到自己家中，故意讓妻子對自己大發雷霆，而且對自己很是鄙視。這樣吳起就會認為公主們都是這樣，肯定會有損他的威望，於是絕對不敢娶公主。公叔覺得這個辦法可行。於是依計而行，果然吳起見到公主如此刁蠻，很是委婉地謝絕了大王。於是大王對吳起產生了懷疑，吳起擔心因此而遭到禍害，於是離開了魏國，去了楚國。

楚王早就聽說吳起很是賢能，吳起一到楚國便任命他為國相。吳起果斷地進行改革，而且制定了很多嚴格的法律，依法而行，這對那些肆意妄為的王公大臣來說，無疑是個重大的打擊。於是他招來很多的怨恨。

與此同時，他十分注重軍事力量，不但向南平定了百越，吞併了陳國和蔡國，而且還打退韓、趙、魏三國的聯合進攻，並且討伐了秦國。各國都對楚國的強大十分憂慮，楚國的一些人也對吳起十分嫉恨，但是由於有楚王的保護，吳起也能夠令行禁止，有很高的聲望。

等到楚王一死，一些對吳起有仇的人就發動親信攻打吳起，吳起逃無可逃，只得逃到楚王停屍的地方，趴在楚王的屍體上。於是，那幫人趁機用箭射殺吳起，但同時也射中了楚王的屍體。後來太子即位，將那些人統統誅殺，因此而被誅滅的人有七十多家。

吳起在楚國的改革令行禁止，因此得罪了很多的人。如果吳起能在楚國變法成功之後，在楚王去世之前及時身退、隱姓埋名、遠走他鄉，或許還可以保住自己的性命，而用不著被亂箭射死，當然吳起很是聰明，他臨死的時候還設計了一個圈套，最後讓他所有的仇人都賠上了性命。

吳起可謂是聰明絕頂，他知道如何得到國君的信任，他知道如何得到士卒的擁護，他也知道如何才能建立一個軍事大國。他對外用兵，很少有吃敗仗的時候。他也遇到十分善待他的國君，但為什麼他不得善終呢？原因就在於他太聰明了。殊不知至巧不敵至拙，他如果表現得十分地笨拙，肯定會麻痹很多仇敵，肯定也不會遭到如此的攻擊。

表現太優秀的人容易受到攻擊。我們要學會巧智若拙，不要老是跑在第一名，這樣你會交不到朋友，學會那第二名、第三名的，這兩人的敵人除了你之外，卻擁有一大票的朋友。

第4章
學會欣賞，讓你處處受歡迎

茫茫人海，滾滾紅塵，回眸四望，欣賞是一道絕美的風景，一隅人人渴望、四季相宜、風味獨特的景觀。學會欣賞，我們便懂得了享受；學會欣賞，我們便擁有了快樂；學會欣賞，我們便走近了幸福；學會欣賞，我們便能成為一個處處受人歡迎的人！

1・人際溝通，因為欣賞而融洽

據統計資料顯示：一個人獲得成功的因素中，85%決定於人際關係，而知識、技術、經驗等因素僅占15%。其實，幾乎所有的人都懂得處理好人際關係的重要性，但儘管如此，大多數都不知道怎樣才能處理好人際關係，甚至相當多的人錯誤地認為拍馬屁、講奉承話、請客送禮，才能處理好人際關係。其實，處理人際關係的訣竅在於我們必須有開放的人格，能真正地去欣賞他人和尊重他人。

一個人希望得到他人欣賞，並不等於圖虛榮、好面子；一個人懂得欣賞他人，也不是不顧事實、只唱讚歌。欣賞他人是對別人的肯定和鼓勵。當別人有值得稱讚之處，我們應毫不吝嗇地給予誠摯的讚美，會使交往變得和諧而溫馨。換個角度想，若有人對我們發自內心地欣賞，我們肯定會由衷地喜歡他並對他真誠相待。

有一位女大學生去看心理諮詢醫生，她因為宿舍中人際關係緊張而苦惱。在宿舍裡同學們互不來往，各自忙著自己的事情，似乎相互都有戒心，很難知心交談，宿舍氣氛沉悶，她希望改變這種狀況，但又不知從何做起。醫生告訴她：從現在開始，試著誇獎他人，真心讚賞他人的長處。如：「你今天氣色很好！」「你的眼睛真亮！」「這件裙子對你再適合不過了！」等。

不久以後，她告訴醫生，宿舍的氣氛完全變了樣，大家相互幫助，彼此關心，在一起時有說有笑，下課後都願意回宿舍，好像宿舍有一種無形的吸引力。

其實，懂得欣賞他人是一種美德。付出讚美，自尊心不會受到損傷，相反還會收穫友誼與快樂，同時，還可以矯正我們的狹隘自私和嫉妒心理，從而培養出大家風範。而一個提倡欣賞的團隊將會是一個關係融洽的大家庭，團隊中的每一位成員都會心情舒暢，這個團隊的凝聚力自然會提高。

要學會從內心深處去尊重他人，首先必須能客觀地評價別人，能找得出別人的優點，我們會發現親人、朋友、同事、上司或下屬身上都有令我們佩服、值得我們尊重的閃光之處。我們會發自內心去欣賞和讚美他們，我們會在行為上以他們的優點為榜樣去模仿他們。這時我們就會發自內心去尊重和欣賞他人，我們就達到了處理人際關係的最高境界。換個角度想，若有人對我們有發自內心深處的毫不虛假的欣賞和尊重，我們肯定會由衷地喜歡他（她）們並與他（她）們真誠相待。

在企業裡與上司、同事、下屬相處時，當我們能去客觀地發掘別人的優點，真誠地尊重和欣賞別人時，我們的人際關係便如魚得水了。但一些人認為懷才不遇，他們看到自己上司一點點不如自己的地方，便認為上司不如自己，從內心看不起上司，私下抱怨上司，工作上不配合上司，結果連與上司的關係都處理不好，更不用說同事和下屬了，這種人必然會自食其果，在社會中很難生存。

用欣賞人、尊重人的方式，去處理人際關係有許多好處：其一，成本最低，不用花費金錢去請客送禮，不用偽裝自己去浪費感情；其二，風險最低，不必擔心當面奉承背後忍不住發牢騷而露餡，不必擔心講假話，提心吊膽，寢食難安；其三，收穫最大，因為我們能真心尊重和欣賞別人，我們便會去學習別人的優點去克服自己的弱點，使自己不斷地完善和進步。

2．渴望重視，人性的深切心理

一位哲人說過：「人性中最深切的心理動機，就是獲得賞識的渴望。」

著名作家三毛在散文《一生的戰役》中寫道：「我一生的悲哀，並不是要贏得全世界，而是要請你欣賞我。」這個「你」是她的父親。一天深夜，父親讀了三毛的這篇文章，給她留條：「深為感動，深為有你這樣一株小草而驕傲。」三毛看到以後「眼淚奪眶而出」，她寫道：「等你這句話，等了一生一世，只等你——我的父親，親口說出來，掃去了我在這個家庭裡用一輩子消除不掉的自卑和心虛。」

由此可見，每個人都希望被人欣賞，不管他是乞丐還是大亨，是農民還是哲學家，是學生還是教師……著名心理學家傑絲．雷爾評論說：「稱讚對於溫暖人類的靈魂而言，就像陽光一樣，沒有它，我們就無法成長開花……」

在我們的現實生活或工作中，很多人都在為生活為事業奔忙，關注的都是自己，似乎無暇關注並欣賞身邊的人和事，人際淡漠、拒人千里；而有的人似乎也只看到自己的優勢，覺得別人都不如己，一副趾高氣揚盛氣凌人的姿態；還有的人從不相信別人做事，總是橫加挑剔與不分是非地胡亂指責他人，沒有寬容愛人之心，凡此種種，不一而足。

懂得欣賞別人，便多一份尊重與理解，多一份坦蕩與讚美，少一份挑剔與指責，少一份誤解與不信任，這既彰顯著自己的人格，實現著自我的成長和自我的昇華，更是對他人的激勵與鼓舞，讓別人擁有更多的自信和勇氣。並且無論讓自己還是別人都能獲得一種前進的力量，感受到平等與平和，感受到動力與活力。

工作繁冗，一個認可的眼神，一句輕輕短短的讚美也許就換來了他人成倍的努力，因為無論對誰都需要這樣的話語，如：你想到了我沒想到的；你是正確的；你做得很對。

正如英國哲學家培根所說：「欣賞者心中有朝霞、露珠和長年盛開的花朵，漠視者冰結心城、四海枯竭、叢山荒蕪。」

遺憾的是，大多數人對於別人的美好行為或成績視為理所當然，認為放在心裡就行了，而不善於把讚美的陽光給予別人。這種做法大錯特錯。真誠的讚美會被人們視為珍寶，並重覆它們，即使我們已經遺忘，人們還會重新提起。那麼，為什麼不現在就讓對方知道我們對他的讚美，感受這種美好呢？

3．引發潛能，欣賞是最佳方法

英國首相邱吉爾說：「要別人具有怎樣的優點，你就怎樣去讚美他！」這說明，讚美具有引發潛能的作用。

有一種探測器，用來測量疲倦的程度。當疲倦的孩子被稱讚時，探測器顯示體能急遽上升；當孩子被批評或指責時，則顯示他們的體能急遽下降。我們成年人不是也有這樣的感受嗎？當有人因為我們的出色工作而感謝我們時，我們的精神會變得非常興奮，我們也會因此而更加努力工作。

作家林清玄青年時代做記者時，曾報導過一個小偷作案手法非常細膩，犯案上千起。文章最後情不自禁感歎：「像心理如此細密、手法那麼靈巧、風格這樣獨特的小偷，想必做任何一行都會有成就的吧！」

林清玄不曾想到，他率真率性寫下的這幾句話，竟影響了一個年輕人的一生。

當年的小偷因這幾句話猛然深省。把才智用在了正道上，如今，已經是擁有幾家公司的老闆了！

有人說，一個人活著，就是為了避免懲罰，或者說為了獲得讚美。一位老婦人說，每次有人稱讚她漂亮時，她一定會說：「謝謝！我因此可再多活一年。」她的話說得很對，因為稱讚會給我們新能量和新生命。如果我們能給別人更多的生命力，我們就是在創造奇蹟。而做到這一點很簡單，只要每天都能誠心誠意地欣賞並讚美別人。

對於被欣賞者來說，欣賞是一種引導和激勵。美國有一個壞孩子，他經常和人家打架，還把別人的小狗扔進水池。他9歲那年，父親娶了繼母，父親對繼母說：「親愛的，你要好好注意他，他是全州最壞的孩子，可讓我頭痛死了。」

繼母好奇地走近了這個孩子，當她對這個孩子有了一番了解之後，對丈夫說：「你錯了，他不是全州最壞的孩子，而是最聰明的孩子，只是還沒有找到發揮他聰明的地方罷了。」

繼母很欣賞這個孩子，在繼母的引導下，他很快走上了正路。這個被父親斷言為「全州最壞的孩子」，後來竟成了美國當代著名的企管顧問大師也是成功學的權威，他就是——拿破崙・希爾。

欣賞使小偷變成了小老闆，欣賞使頑童變成了企管成功學大師。

為什麼欣賞具有如此神奇的力量呢？這是因為人類本質中最殷切的要求是渴望肯定。不少人因為被欣賞而建立起自信，因為被欣賞而更加茁壯成長。當然，欣賞是有前提的，有原則的，而且未必能解決所有的問題，但是，從客觀上看，從時代的發展和人際關係的角度看，欣賞的力量確實是不可替代的。

4・創造奇蹟，欣賞的最大作用

威廉・詹姆斯說：「人類本質裡最殷切的需求是渴望被人肯定。」被譽為人際專家的美國成功學權威戴爾・卡耐基說：「這種渴望不斷地影響著人的心靈，少數懂得滿足人類這種欲望的人便可以將他人掌握在自己的手中。」

美國哈佛大學羅森塔爾博士曾在加州一所學校，做過一個著名的實驗。新學期開始，校長對三位教師說：「根據過去的教學表現，你們是本校最好的教師。學校特地挑了一些最聰明的學生給你們教。記住，這些孩子的智商比同齡的孩子都要高。」

校長再三叮嚀：要像平常一樣教他們，不要讓孩子和家長知道他們是被特意挑選出來的。這三位教師非常高興，更加努力了。

一年後，這些學生是全校最優秀的，分數甚至高出其他學生幾倍。

其實，這些學生的智商並不比其他學生高，那三位老師也不是最優秀的，而是在教師中隨機抽取的。但正是學校對教師的期待和欣賞，教師對學生的期待和欣賞，才使教師和學生都產生了一種努力改變自我、完善自我的進步動力。

有一位母親參加家長會，老師對她說：「你的兒子有過動症，在板凳上連三分鐘都坐不了，你最好帶他去醫院看一看。」

母親有一點難堪，因為全班30位小朋友，唯有他表現最差；唯有對他，老師表現出不屑的眼神。

回家的路上，兒子問母親老師都說了些什麼，母親告訴她的兒子：「老師表揚你了，說寶寶原來在板凳上坐不了一分鐘，現在能坐三分鐘。其他媽媽都非常羨慕媽媽，因為全班只有寶寶進步了。」

那天晚上，她兒子破天荒吃了兩碗米飯，並且沒讓她餵。

兒子上小學了。家長會上，老師說：「這次數學考試，全班50名同學，你兒子排第40名，我們懷疑他智力上是不是有點毛病，您最好能帶他去醫院查一查。」

回去的路上，她流下了淚。然而，當她回到家裡，卻對坐在桌前的兒子說：「老師對你充滿信心。他說了，你並不是個笨孩子，只要能細心一些，就會超過你的同桌，這次你的同桌排在第21名。」

說這話時，她發現兒子黯淡的眼神一下子充滿了光輝，沮喪的臉也一下子舒展開來。她甚至發現，兒子溫順得讓她吃驚，好像長大了許多。第二天上學，去得比平時都要早。

孩子上了初中，又一次家長會。她坐在兒子的座位上，等著老師點她兒子的名字，因為每次家長會，她兒子的名字在差生的行列中總是被點到。然而，這次卻出乎她的預料——直到結束，都沒有聽到。她有些不習慣，臨別去問老師，老師告訴她：「按你兒子現在的成績，考重點高中有點危險。」

她懷著驚喜的心情走出校門，此時她發現兒子在等她。路上她扶著兒子的肩膀，心裡有一種說不出的甜蜜，她告訴兒子：「班主任對你非常滿意，他說了，只要你努力，很有希望考上重點高中。」

高中畢業了。

第一批大學錄取通知書下達時，學校打電話讓她兒子到學校去一趟。

她有一種預感，她兒子被清華錄取了，因為在報考時，她給兒子說過，她相信他能考取這所大學。她兒子從學校回來，把一封印有清華大學招生辦公室的掛號信交到她的手裡，突然轉身跑到自己的房間裡大哭起來，邊哭邊說：「媽媽，我知道我不是個聰明的孩子，可是，這個世界上只有你能欣賞我……」

這時，她悲喜交加，再也按捺不住十幾年來凝聚在心中的淚水，任它打在手中的信封上……

讚賞別人是尊重人的重要方面，也是人的美德之一。以欣賞的心態對待別人，會發生很多奇蹟，就像這個孩子一樣，得到了欣賞，他就變成了另外一個人。

5．互補促進，欣賞利人又利己

「生活中不是缺少美，而是缺少發現的眼睛。」這是因為人們常犯一個通病，容易看到別人的缺點，而很難看到別人的優點。

著名作家劉墉在《成長是一種美麗的疼痛》中寫了一件事。一天，女兒小帆翻看星座書，書上說，她和雙子座還有天秤座的人最為相合。小帆十分不解，因為她的一個叫珍妮的同學就是雙子座，小帆並不喜歡她，還有一個同學叫瑪麗，是天秤座，小帆同樣也不欣賞她。於是，劉墉開始了和女兒小帆的討論。下面是他和女兒的對話。

「雙子座的人有什麼優點？」

「他們聰明，善於變化。」

「天秤座的人有什麼優點？」

「沒有！他們很懶！」

「可是懶就完全不好嗎？他們穩重，不容易衝動。所以，我們身邊的朋友，不見得非要和我們完全一樣，他們甚至可以和我們完全相反，這樣相互之間才可以互補促進。」

欣賞他人是與自身的修養分不開的。有了愛才之心、容人之量，才能透過一個人的表象看到他內在的美和善。在生活中，只要客觀地觀察別人和自己，我們會驚奇地發現，所有我們接觸到的人，都可以找出優點來。欣賞他人是一種智慧，因為我們在欣賞他人的時候，也能以人為鏡，看到自己的不足，從而不斷克服缺點，不斷地提升和完善自我。

一名記者曾做過一次調查：經常欣賞、誇獎、讚美他人的人，往往處世積極樂觀，受人尊敬，不常生病，並且比一般人長壽；而常愛指責、抱怨的人，不但沒有朋友、孤單落寞，並且心理脆弱，比一般人壽命短。

說欣賞他人的話，既利人又利己。每個人有自己不喜歡的人，這是再正常不過的事情，但不能就此放任我們的這種思想，相反，我們要學會讚美自己的親人、朋友，並把它變成習慣。

6・消除嫉妒，欣賞能輕鬆做到

欣賞他人的大敵就是嫉妒。

所謂嫉妒，一般是指個人在意識到自己對某種利益的（潛在）佔有受到（潛在）威脅時產生的一種情緒體驗。嫉妒心理總是與不滿、怨恨、煩惱、恐懼等消極情緒聯繫在一起，構成嫉妒心理的獨特情緒。不同的嫉妒心理有不同的嫉妒內容，在名譽、地位、錢財、愛情四個方面表現得尤為突出。還有的嫉妒者，只要是別人所有的，都在其嫉妒之內。

嫉妒是一種難以公開的心理，常發生在一些與自己旗鼓相當、能夠形成競爭的人身上。古今中外，嫉妒置人於死地的事情，不勝枚舉。

三國時期的楊修，就是中國古代歷史上因被嫉妒而招來殺身之禍的典例。

凡是讀過《三國演義》的人，都知道楊修其人。楊修乃曹操手下一名高級謀士。他上知天文下通地理、才高八斗、博學多才、通古知今、才思敏捷、聰穎過人、能說會道，是魏國一個不可多得的人才。可楊修卻英年早逝，死於丞相曹操的刀下。不為別的，只因他不諳為官之道，鋒芒畢露，聰明反被聰明誤，幾次三番猜中曹操的計謀，使曹操不快，被曹操所不容，曹操借「雞肋」事件，以動搖軍心為藉口將其誅殺。

今天的現實生活中，仍然存在這樣可悲的事情：事業有成、生活幸福的人，都有可能成為有心理障礙的人攻擊的目標，孩子的生活也不例外。

王敏和張蘭的成績在班裡名列前茅。數學考試前一天晚上，王敏打電話問張蘭一道題。張蘭費好大工夫才把這道題解出來，她不願意讓王敏不勞而獲，又怕第二天考這道題王敏也做對，成績分不出高低，於是就將一個錯誤的思路告訴了王敏。

考試的時候果然有這道題。王敏做錯了，成績一下和張蘭拉開了距離。一次小小的考試，竟使兩人相互忌恨，一直到畢業。

嫉妒心理既害人又害己。發展到一定程度，會給被嫉妒的人造成很深的心理傷害。美國心理學家丹尼爾•布蘭登博士說：「這種致命的嫉妒是自我失落的產物。別人的成功很可能暴露出自己的空虛、貧乏。」

有強烈嫉妒心理的人，他們不是想著自己怎樣幹得更出色，而是想怎樣讓對方倒楣，變得不如自己。他們害怕在別人的成功中顯得自己無用，於是說壞話、傳閒話、告黑狀、搞小動作，以打擊別人，抬高自己。

同時，嫉妒別人的人自己在精神上也備受折磨，正如法國大文豪巴爾扎克所說的，「嫉妒者的痛苦，比任何人的痛苦都要大，因為他自己的不幸和別人的幸福，都會使他痛苦萬分。」

嫉妒是心中的毒瘤，告別嫉妒最有效的方法是學會欣賞他人，為別人喝彩。為別人喝彩是人性中的公正和善良，這種美與善存在於每一個人的心靈深處，我們的責任就是要喚醒潛藏於心靈深處的美與善。

7・培養自信，坦然地欣賞他人

我們每一個人都希望自己在各個方面都能勝人一籌，然而，事實上這永遠只能是一個夢想。一些心理素質不高的人，每當面對別人的優點與成績時，往往禁不住妒火中燒，很難坦然地面對與欣賞。在這些人眼裡，辦事能力強變成了愛出風頭，如果我們好心好意去幫他，他私下裡還擔心我們無事獻殷勤——非奸即盜。

於是，這些人對待他人優點與成績的態度也只能是要麼不屑一顧，要麼再惡劣點兒，實行打擊、報復。而別人往往也不是省油的燈，這就帶來了人際關係的惡性循環，自己的事業會因此嚴重受挫。

每個人都有自己的優點和成績，都希望獲得別人的肯定與讚美。

有些優點和長處往往是與生俱來的，比如某人長得漂亮，智商很高等。因此，對於別人優點與長處的肯定不僅不會貶低自己的位置，而且可以使旁人從中認識到我們所具備的優良素質，從而獲得他人的稱讚。

戰國時期，公子重耳與公子小白爭奪王位，鮑叔牙輔佐重耳，而管仲則為公子小白出謀劃策，最終公子重耳當上了齊國國君。重耳想拜鮑叔牙為相，鮑叔牙卻說：「公子如果想統治齊國，任我為相就足夠了，而公子如果想一統天下，則非拜管仲為相不可。」

最終，重耳任用管仲而成為一代霸主。鮑叔牙雖然不及管仲有才華，但卻能坦然地欣賞管仲的優點和長處，並大力舉薦，從而獲得了天下人的稱讚，並借此得以留名青史。

面對他人的成績，我們首先應該懂得，成績是他人的勤勞加汗水所贏得的，我們應該坦然地欣賞他人的勞動成果，並予以肯定。與此同時，檢討自己，虛心請教，學習他人的勤奮向上的精神。主動請教別人向我們傳授學習工作的要領，不僅是對他人成績的一種高度的讚揚，而且也可以督促自己繼續前進。既有利於我們技術水準的提高，也有利於我們處世水準的提高。這豈不是一箭雙雕的事情，我們又何樂而不為呢？

要坦然地欣賞別人的優點和成績，還需要相當的自信和勇氣。日常生活中，我們經常遇到別人比自己強的情形，而讚美之詞卻怎麼也說不出口，主要是因為缺乏自信心，覺得自己不如對方，於是心理失衡，沒有勇氣為對方喝彩。

要麼覺得「不好意思」；要麼認為自己與之相比，結果昭然自明，不用多此一舉；要麼覺得自己人微言輕，讚美了也不會引起重視，還害怕會引起非議，被人誤解為是溜鬚拍馬。結果，不僅失去了一次坦然欣賞別人優點與長處的機會，也失掉了一次拋棄自卑與膽怯心理的機會。

眾所周知，邁克・喬丹是一位超級籃球精英，但他卻對別人說隊友皮彭在投三分球方面比他更有天賦，還說皮彭扣籃方面也比自己勝出一籌。皮彭雖然是最有希望超越喬丹的新秀，而喬丹處處對其加以讚揚，一方面，反映了他自我挑戰的勇氣，另一方面也是喬丹自信心的體現。

因此，在生活中，如果棋逢對手，不妨採取「吳越同舟」的策略，同對手友好相處，對其優點成績大大方方地表示祝賀。另一方面，奮力追趕。

佛蘭克林有句名言：「良好的態度對於事業與社會的關係，正如機油對機器一樣重要。」因此，如果我們是一位品格高尚的人，不妨試著去發自內心地讚美一位與我們正相互競爭的同學或者是同事，甚至舉薦一位有可能位居我們之上的職員給老闆，這是一種更高境界的讚美。

8．處世祕笈，發現讚美的魔力

俗話說：牽牛要牽牛鼻子。讚美同樣要抓住關鍵的讚美，這就需要洞察對方心理，了解對方的心理需求。切不可「哪壺不開提哪壺」。

有一次，相聲演員侯耀文對他父親侯寶林說：「爸爸，我最近聽到一些反映，說商店裡某些服務員的態度差，常給顧客吃『冷麵』。我想寫段相聲諷刺一下。」

侯老聽了，沉思了一會兒，說：「你想諷刺服務員，可你了解他們嗎？工資不高，上班一站就是八、九個鐘頭，多麼辛苦？再說，哪家不幸有個不順心的事？誰能老有笑模樣？又沒吃『笑素』？顧客裡頭也有搗蛋的，遇上那種人時，你樂得起來？我不是說服務員有缺點就不能諷刺，得先去搞點調查研究，了解他們的工作和生活，體諒人家的難處，那才能寫出感情，批評得入理。」

侯老的一席話，充分體現了對他人的理解。

只有理解他人的心理，了解他人的苦怒哀愁，才能把握好說話的內容與分寸，才能知道如何抓住對方的心理讚美對方。

曾有心理學家做過這樣一個實驗：他們從一班大學生中挑出一個最平庸自卑，最不招人喜歡的女孩，特意安排她的同學對她改變看法，對她表示喜愛和讚揚。於是，從這天起這個女孩周圍充滿了讚揚和熱心的幫助。有人誇她熱心，有人說她心靈手巧，有人送她禮物，有人每天與她一起回家……

奇蹟發生了，一年以後，這個原本沒沒無聞，自卑感很強的女孩變得活潑開朗，有說有笑，充滿自信，她的學習成績、儀表風度和以前一比也大有改善，簡直像是換了個人。

讚揚和鼓勵確實有這樣的魔力，只要我們懂得一個人最需要什麼。

如上文所說的那個姑娘，她以前是那麼卑微、膽怯，這樣的人渴望別人的理解和尊重，那麼是否人人都渴望得到尊重？一個位高權重、不可一世的人呢？

在日本歷史上身為攝政大臣的豐臣秀吉，權傾一時，不可一世。

下面這件事則體現出他與一般人有著同樣的心理需求。

有一年，他聽說松茸大豐收，便突然提出要親自去採松茸。但當時時令已過，哪還有松茸的影子。家臣不得已，只有在前一天把要去的那塊地裡插上松茸。

第二天豐臣秀吉來了，看到滿地松茸，不禁讚歎道：「太好了！」

這時，有位善於投機專會拍馬屁的家臣，告訴他這些松茸都是臨時插上的。其他家臣得知有人告密，個個魂不附體，因為他們知道豐臣秀吉這個人，對不忠誠他的人向來是嚴懲不貸的。但這次豐臣秀吉笑著說：「這是大家為了滿足我的願望才做的，是一片好心。好久沒見到這樣的松茸了，又勾起我對往昔農村生活的回憶，我很高興。」

任何人都需要尊重，需要讚美，正如馬克・吐溫所說：「一句美好的讚美，能使我們不吃不喝活上兩個月。」

讚美是無本生意，而且又是一本萬利，所以不要吝惜你的讚美，還是人際關係中最有效的黏接劑。

第5章

捨得一切，該放手時就放手

生命的旅途常常會有挫折，會有苦難，這時候需要一種心態——放下。人，必須懂得及時放下，放下那些看似最有利可圖卻不能令人再進步的東西；人，必須鼓起勇氣，不斷學習，才能開創出生命的另一高峰。

1・如果什麼都能夠捨得，就會看開了

捨得捨得，有捨有得，大捨大得，小捨小得。懂得放棄的人，才會真正擁有自己想要的一切。

歷史上永州人都特別擅長游泳。有一天，河水突然暴漲，有幾個永州人正乘坐在一條小船上。結果剛到河中心，船就漏水了。船上的人就只好跳到水裡往岸上游。其中最會游泳的一個人也使出了全身的力氣，但還是沒有平常游得快。

他的同伴很疑惑，於是問他為什麼今天這麼吃力？那個人回答說：「我腰裡纏著太多的錢，現在重得不行，所以今天特別吃力。」於是同伴勸他快把錢扔掉，但是這個人說什麼也不肯。

過了一會兒，這個人更加沒有力氣了。那些已經到了岸上的同伴又大聲勸說他扔掉錢，他搖了搖頭，最後沉入水中淹死了。

為了達到目標，就必須扔掉很多累贅。這些累贅很多時候都會影響目標的實現，因此必須扔掉。捨不得自然得不到。

人要捨掉生活的惰性。生活一旦形成惰性，做什麼事情都很難有激情。即使下定決心做一件事情的時候，往往一遇到困難就想退回到原來的生活狀態之中。這就是如果想毀掉一個人就只需要讓他安逸起來的原因。

人還應該捨掉目標以外的東西。因為人的時間和精力都很有限，只有把有限的時間和精力放在事業上，才能夠確保取得最大的成功。每一個人定然有很多目標，但最後必須確定一個目標，然後努力將這個目標實現。但許多人常常會有一些不切合實際的想法，總想著為了逃避風險，便多確定幾個目標，這樣即使一個目標無法實現，另外一個目標也有可能實現。

殊不知這種想法最致命，多重目標自然分散注意力，一個目標無法實現，很容易像骨牌效應一樣，導致多個目標都無法實現。人在面臨多種目標時，往往不會全力以赴，而是以為這個不行，下個可以補上，以這樣的心態，又怎麼能實現眼前的目標呢？

最後，人應該捨掉的是以成功者自居的心態。也就是說人要有一種歸零心態。不管以前怎麼樣成功，既然選擇了從事新的事業，那麼以前的成功都要一概抹掉，一切從零開始，一切從頭再來。很久以前成功的經驗並不符合今天的實際，但人們往往容易抱殘守缺，容易相信自己曾經親身經歷過的一切，於是不相信理性的判斷，不相信別人的勸說，一意孤行堅持按照原來的辦法來做，其結果可想而知。

《呂氏春秋》記載了這樣一個故事：

有個人路過江邊，看見一個漢子正牽著一個嬰兒，想要把他投進江裡去，嬰兒嚇得哇哇亂哭亂叫。這人走上前去問那漢子：「你怎麼把嬰兒往江裡投呢？」那漢子說：「怕什麼？他的爸爸很會游泳。」他的爸爸會游泳，他的兒子難道生來也會游泳嗎？很多創業者有「其父善游」的心態，認為自己曾經成功過，現在成功也是不難的事情。殊不知這是自欺欺人。

得失心太重的人往往放不開手腳，不能做到忘我。一個演員在演戲的時候應該很投入，而絕對不應分心。那些不投入的人，往往會有太多的顧慮，這樣是沒有辦法演好戲的。

2．如果有太重的得失心，就會很難過

有這樣兩個故事：

第一個故事是法國有一家報紙曾經刊登過一個智力問答：如果羅浮宮發生火災，此時，你只能拿出去一幅名畫，你會選擇哪一幅？很多人回答說當然要達文西的蒙娜麗莎，可是這幅「永恆的微笑」在展館的最裡面。最後一位社會學家做出了最正確的答案：拿離出口最近的一件。理由很簡單，因為這樣最容易實現。

第二個故事是有一架飛機坐著三個人，其中一個是物理學家，一個是總統，還有一個是哲學家。突然之間，飛機發生了故障，必須讓其中的一個人跳傘以減輕飛機的負重，請問在這個時候你會選擇哪一個？結果是眾說紛紜。答案是選擇體重最重的一個。理由也很簡單，這樣可以保證飛機最小負重，保證安全。

一個人的得失心不要太重了，太重了會影響自己的成長。人生沒有失敗，也很少會有後悔，唯一後悔的是自己用了太多時間和精力去計較得失了。

30年前，有一個年輕人想要離開故鄉，去創造自己的前途。根據鄉里的規矩，他動身的第一站應該去拜訪本族的族長，以便求得指點。當這個年輕人去見族長時，族長正在練字。當族長聽說他想離開故鄉去外地闖蕩闖蕩，想了想，就立即揮毫寫了三個字：「不要怕」。然後，他望著年輕人說：「其實人這一生的祕訣沒有什麼，只有六個字，今天我可以先告訴你三個，我想這三個字已經夠你半生受用了。」

30年過去了，當初離家的那個年輕人已經到了中年，取得了一些成就，但是也有了許多傷心事。此時他特意回到了家鄉，去見那個族長。很快他來到了族長家，不過不幸的是，族長在幾年前就已經去世了。然而族長的家人卻取出一封信給這個人，對他說這是族長留給他的東西。

這個時候，還鄉的遊子才想起來30年前他還有一半的人生祕訣沒有聽到，打開信一看，裡面赫然又是三個大字：「不要悔」。

不要怕，不要悔——這是對人生比較深刻的體會。人生沒有失敗，所以不要去害怕什麼。別人能做到的，自己同樣能夠做到；別人做不到的，自己為什麼不能做到。有了這種感悟，就不要再擔心以後會發生什麼。人生是沒有失敗的，人最終都會取得成功。

後悔是一種耗費精神的情緒，後悔是比損失更大的損失，比錯誤更大的錯誤。所以不要後悔，不論曾經是否傷害了別人，或者是否做錯了事情，都要告誡自己不要後悔。傷害過別人，想一個辦法給別人以補償；做錯了事情，以後不要再犯同樣的錯誤，這樣才能進步。在將來的日子裡才能夠獲得非比尋常的成就。

這個世界雖不是完美的，可它還是很美好的，雖然它有時會不公平，付出得不到回報，但是它也是公平的，我們不付出就想要有回報是不可能的。只要我們付出了真心，就有可能得到回報，幸福只屬於真誠善良的人，這個世界要求我們的不多，而我們對它的索求遠遠超出了它的負荷。拿出我們的真心，來創造我們自己的美麗世界，這個世界裡有快樂也有悲傷，只要我們坦然面對，我們依然會活得既踏實又開心。

3．如果有太多的捨不得，就會很痛苦

很多時候，我們捨不得放棄一個放棄了之後並不會失去什麼的工作，捨不得放下已經很遠很遠的種種往事，捨不得放棄對權力與金錢的追求……於是，我們只能用生命作為代價，透支著健康與年華。

不是嗎？現代人個個都精於算計投資回報率，但誰能算得出，在得到一些自己認為珍貴的東西時，有多少和生命休戚相關的美麗像沙子一樣在指掌間溜走？而我們卻很少去思忖：掌中所握的生命沙子是有限的，一旦失去，便再也撈不回來。

佛家說「要眠即眠，要坐即坐」，是多麼自在的快樂之道啊，倘使你總是「吃飯時不肯吃飯，百種需索，睡眠時不肯睡眠，千般計較」，這樣放不下，我們又怎能快樂呢？

捨，就是得；不捨，哪有得。放下，便得自在。放下功名利祿，放下恩怨情仇，放下一切要放下的東西。

曾經看過一幅漫畫，一隻瘦狐狸從籬笆上的小洞鑽進了葡萄園。牠大吃了三天，吃光了葡萄園裡的葡萄，身體也變得臃腫不堪，已經無法從來時的小洞鑽出去。於是聰明的狐狸又餓了三天，才從小洞突圍而出。

攀登雪山的運動員都遵循這樣的原則：在攀登過程中，需要不斷地扔掉自己在登山前認真準備的裝備，直到扔無可扔。於險要處，教練還會告訴運動員，連呼吸都要控制，稍微粗重的呼吸都可能引發一場雪崩。世上的許多事物，不論費多大的心機，花多大的力氣，即使能夠擁有，也只是暫時的。

懂得生命和世事的無常，便會捨得；能夠捨得，才不會被物欲所驅使，才能夠看得清生命的本質，拋得開功名利祿，找到生命快樂的源泉。

放下，是美好生活必需的狀態。放下心中的仇恨，放下人與人之間的摩擦，放下對功名利祿的刻意追求，才能給生命留一片綠蔭，給心靈種一棵忘憂草。

冤冤相報何時了。當一個人的心被仇恨充盈，那麼，快樂已離他遠去。且不說，仇恨會像氣球一樣，越吹越大，擋住了人生的成功之路；即便是大仇得報，也必定是兩敗俱傷，身心疲憊。送人玫瑰，手有餘香。當我們抓起泥巴扔向對方時，首先弄髒的卻是自己的手。

只有放下瑣事的煩擾，才能常常保持心靈的快樂。不必把人與人之間的瑣事當成是非，更不必把別人無心傷到自己的話，堆積成心裡的毒瘤。

人生的所謂得與失，在很多時候並沒有什麼實際的意義。而失意的壞心情，卻可以使人喪失對整個生活的感受。這種因心情引起的得與失，比起物質上的得與失，更加致命。

人生在世，我們常常付不起的，正是生活中某類事件對我們心態所形成的那種漫長主宰、改變甚至毀滅。豁達、樂觀的心態，才是最昂貴、最重要的。

一個人的快樂，不在於他得到的多，而在於他計較的少。多是負擔，是另一種失去；少非不足，是另一種有餘。捨棄不一定是失去，而是另一種更寬廣的擁有。

4・如果魚與熊掌不兼得，捨魚取熊掌

在物欲橫流、燈紅酒綠的今天，擺在每個人面前的誘惑實在是太多了。有時太貪婪，反而毀了已有的大好前程；有時明明知道是別人布好的陷阱，卻因為經不起誘惑而陷入其中。其實，如果我們能保持清醒的頭腦，能放棄眼前的私利，一定會認清潛在的危險。如果抓住想要的東西不放，就會給自己帶來無盡的痛苦，甚至走向死亡。所以，在現實生活中，需要有一種放棄的清醒。

從前，有一個人得到了一張藏寶圖，上面標明了尋寶的路線。看到藏寶圖，他馬上心動了，立即準備好了一切出行要用的東西，還特意拿了幾個大袋子，打算用它們來裝寶物。一切準備就緒後，他就上路了。在路上，他斬斷了荊棘，越過了大河，衝過了沼澤。最後，終於找到了第一個寶藏，寶藏裡堆滿了亮閃閃的金子。他急忙掏出一個袋子，把所有的金幣裝了進去。離開時，他看到了寶藏的門上有一行字：「知足常樂，適可而止。」

他笑了笑，心想，誰願意丟下這閃光的金子呢？如果有人丟下了，那這個人肯定是個傻子。於是，他沒留下一塊金子，而是扛著裝有金子的袋子往第二個寶藏走去。又是一堆金子出現在了他的眼前。他高興極了，甚至有些興奮，像上次一樣，他把所有的金子又放進了一個袋子。當他出來時，他又看見了門上寫著一行字：「放棄了下一個屋子中的寶物，你會得到更寶貴的東西。」

他沒有理會門上的忠告，繼續往第三個寶藏走去。第三個寶藏裡面堆滿了鑽石。他發紅的眼睛中泛著亮光，貪婪的雙手抓起鑽石，就往袋子裡放。突然他發現，在鑽石的下面有一扇小門。他心想，這下面一定有更多更好的東西。於是，他毫不遲疑地打開門，跳了下去。誰知，等著他的不是金銀財寶，而是一片流沙。他在流沙中不停地掙扎著，可是越掙扎陷得越深，最終他與所有的金子和鑽石一起埋在了流沙下面。

有些人，為了得到某些東西，不惜費盡心機去爭取，有時甚至會不擇手段。可是在他追逐的過程中，可能會失去許多無法計算的東西，得到的東西遠不能彌補他所付出的沉重代價。這一點，也許直到最後才會被他發現。

如果這個尋寶的人能在看了第一個忠告後就停手的話，如果在跳下去之前想一想的話，那他就會平安地返回，成為一個真正的富翁。所以說放棄，從某種意義上講，是給自己一個生存的空間，是給自己一條成功的路。

真正的強者，應該學會放棄，放棄了才可能重新再來，才有機會獲得成功。這樣的放棄是要開始新的進取，是要有所獲得。如果能拿得起卻放不下，那麼就無法令自己生活得更好，甚至喪失生命。荒漠中行進的人最明白這一點，如果不扔掉過重的行囊，就不能減輕負擔，就無法保存體力，就無法走出困境。所以要求生，就應該做到該扔的就扔，那種生存都不能保證的堅持是沒有意義的。

有兩個漁夫在海底找到了兩大袋金條，在返航的途中，他們的船遭到了颱風的襲擊，被海浪打翻了。沒有辦法，他們只好一人拖著一袋金條往岸上游。其中一個漁夫為了保存自己的體力，他放棄了屬於他的那袋金條。沒有袋子的累贅，他馬上感到輕鬆多了。被放手的那袋金條，也漸漸地沉入了海底。另一個漁夫看見後，忙潛到水裡，費了好大的勁，才把那袋金條拽起來。他拖著兩個沉重的袋子吃力地游著。終於，他耗盡了自己的體力，隨著他的金條沉到了海底。最後放棄金條的漁夫，安全地游上了岸，回到了家。當他看到妻子和兒子時，他覺得自己的選擇是對的。在失去一袋有價的財富的同時，他賺回了一筆無價的財富——親情。

人的一生，需要我們放棄的東西太多了。俗話說，魚和熊掌不可兼得。如果不是我們應該擁有的，我們就要學會放棄。有所得就必然有所失，只有學會了放棄，才能擁有更多，才活得充實。

喜歡一樣東西，不一定要得到它。有時候為了強求一樣東西而令自己身心疲憊不堪，是很不划算的。如果我們付出後，到頭來卻發現我們失去的東西比得到的更珍貴時，我們一定會懊惱不已。所以當我們喜歡一樣東西時，如果條件不允許，就不要太執著，放棄它，是我們最明智的選擇。

從前有個獵人，為了抓住猴子，他就在一個瘦口瓶子裡放了猴子愛吃的花生米，然後把這個瓶子放到了猴子經常活動的地方。後來，猴子發現了瓶子裡的花生米，便伸手去拿。結果抓了花生米，握成拳頭的手卻抽不出來了，但猴子又不願意空手出來。正在這時，獵人出現了。猴子嚇得就跑，但套在手上的瓶子影響了猴子的速度。結果被獵人抓住了。其實猴子只要鬆手，就可以放下瓶子，但牠的貪性卻讓牠不肯放手。結果為了一把花生米，而被獵人抓住。

很多人往往都會與猴子犯同樣的錯誤，由於太看重眼前的利益，在該放棄的時候卻不能放棄，結果鑄成了大錯，悔恨終生。人的一生也是如此，有的人一生忙碌，什麼都想要，可到頭來卻什麼都沒有得到。

做人有時候要學著放棄。放棄不是退縮，也不意味著失敗。其實，放棄是另一種形式的選擇，白雲放棄藍天，化作雨水灑落大地是為了哺育生靈；落葉放棄大樹，融入泥土是為了滋養萬物。

放棄是為了獲得，放棄城市，是為了獲得寧靜；放棄黃昏，是為了獲得黎明；放棄小利，是為了獲得一身正氣。放棄並不容易，可學會了放棄，你就不會讓得失玩弄於股掌之間了。

5・如果糾纏住後悔不放，則愚蠢至極

令人後悔的事情，在生活中經常出現。許多事情做了後悔，不做也後悔；許多人遇到了要後悔，錯過了更後悔；許多話說出來後悔，說不出來也後悔……人的遺憾與後悔情緒彷彿是與生俱來的，正像苦難伴隨生命的始終一樣，遺憾與悔恨也與生命同在。

從昨天的風雨裡走過來，身上難免沾染一些塵土和黴氣，心中多少留下一些酸楚的記憶，這是不能完全被抹掉的。

人生一世，花開一季，誰都想讓此生了無遺憾，誰都想讓自己所做的每一件事都永遠正確，從而達到自己預期的目的。

可這只能是一種美好的幻想。

人不可能不做錯事，不可能不走彎路。做了錯事、走了彎路之後，有後悔情緒是很正常的，這是一種自我反省，是自我解剖的前奏曲，正因為有了這種「積極的後悔」，我們才會在以後的人生之路上走得更好、更穩。

但是，如果你糾纏住後悔不放或羞愧萬分、一蹶不振，或自慚形穢、自暴自棄，那麼我們的這種做法就真正是蠢人之舉了。

美國一位教師曾用一很形象的事例，來教育學生擺脫徒然無益的悔恨。在課堂上她將一瓶裝滿牛奶的罐子朝地上猛摔下去，瓶子破碎了，牛奶流了滿地。她告訴學生：「你們可能對這瓶牛奶感到惋惜，可是這種惋惜已經無法使這瓶牛奶恢復原樣了。因此，在你們今後的生活中發生了無可挽回的事時，請記住這摔破了的牛奶瓶。」

這位教師道出了一個生活哲理：如果明知錯誤已經形成，而且無可挽回，卻偏要去挽回，這樣做是徒勞無益的。

古希臘詩人荷馬曾說過：「過去的事已經過去，過去的事無法挽回。」

的確，昨日的陽光再美，也移不到今日的畫冊。我們需要總結昨天的失誤，但我們不能對過去的失誤和不愉快耿耿於懷，因為傷感也罷，悔恨也罷，都不能改變過去，都不能使你更聰明、更完美。

如果總是背著沉重的懷舊包袱，為逝去的流年傷感不已，那只會白白耗費眼前的大好時光，那也就等於放棄了現在和未來。那麼，我們又為什麼不好好把握現在，珍惜此時此刻的擁有呢？為什麼要把大好的時光浪費在對過去的悔恨之中呢？追悔過去，只能失掉現在；失掉現在，哪有未來！

6·如果只是一味地堅持，就會很受傷

當同學畢業要各分東西，互道珍重時，每個人都不願放棄這一段友誼。但每個人畢竟有各自的旅程，不可能長期生活在一起。有時守著一位朋友，只會擋住旅程的視線，從而錯過一些更為美好的山水。卸下這段感情，我們才有可能擁有更為廣闊的友情天空。既然那段歲月已悠然遁去，既然那個背影已漸漸遠去，又何必苦苦守望呢？

如果愛一個人，就應該給他自由，因為人的天性中有一個要求空間的願望。愛一個人就應該尊重他的願望和他的需要，讓他有空間去自由地決定事情，自由地按照自己的意願去生活。如果把他禁錮起來，那他就會覺得跟我們在一起呼吸困難。也許我們怕孤單，也許我們缺乏自信，所以我們想纏著他。可他卻會在我們的這種愛的方式下選擇離開，因為他擔負不起我們的壓力。等他走後，我們才發現自己的錯誤。

放棄自己所愛的人，是一件痛苦的事，但如果對方已對我們沒有了留戀，即便我們一時勉強把他留下，最終我們得到的是更深的痛苦和更多的悲傷。不要以為，我們的強求會留下他的心，如果他真的不想走，他會選擇留下。如果他屬於我們，他還會回到我們的身邊。愛是不能勉強的。

愛，沒有永久的保證，只有慢慢的磨合。一個永遠不想失去我們的人，未必是真正愛我們的人，因為他窒息了我們充分發展的空間。有時，為了獲得愛的永久保證書，結果反而走得越來越遠。

曾經有個女孩，她跟一個男孩很要好，可以說她在與他相處的過程中產生了情意。可有一天，男孩卻告訴她，喜歡另一個女孩。女孩覺得自己的心快要破碎了，心裡面溢滿了苦澀的淚水。她多日的幻想，在瞬間化為了泡影。她知道，這份打擊全是因自己的多情而造成的。最後，她選擇了坦然面對這份友誼。她告訴自己既然執著換來的只是徒勞，那就放棄吧，只有放棄自己的情感才是明智的選擇。

她覺得心中少了那份牽掛，反而讓自己輕鬆了許多。她發現了以前曾忽略了的友情和親情，這時是多麼的溫馨；發現了自己內心的追求，原來是如此的充實。她不再彷徨，不再迷惘。她覺得自己像一片綠葉，搖曳在清新的空氣裡。所以，學會放棄，才會有更新的驛站；學會放棄，才會有美麗的追求；學會放棄，才會有無盡的力量。

每一份感情都很美，每一程相伴也都令人陶醉。有時正是因為遺憾才感到珍貴；有時正是因為思念才覺得留戀。感情是一份沒有答案的問卷，苦苦的追尋並不能讓生命更加美滿。也許多一點遺憾、多一絲傷感，才會讓這份答卷更雋永。

收拾起心情，繼續走吧！錯過花，我們將收穫雨；放棄她，我才遇到你。繼續走吧，等我們為自己的心找到一個家，我們也就收穫了自己的美麗！

7．如果毫不猶豫地放棄，就會有轉機

在人生的旅程中，也許噩耗會不期而至，也許困難會撲面而來，也許失敗會悄然來臨，死神會突然出現。所以如果我們要快樂地生活下去，就必須學會捨棄，學會放手。放棄以往的不如意，去追求全新的輝煌；放棄已有的滿足，去接納更多的東西。邁開向前的步伐，我們將會擁有滿園的鮮花。

也許有人不捨，寧願抱著不可能的幻想，也不願意抬起頭往前看。但既然徘徊於原地已經不能使我們有所獲得，那為什麼要固守著那一片陣地呢？在必要的時候，人應該學會灑脫地放棄，坦然地面對，勇敢地接受已存在的事實。若放棄得合適，則將擁有一生光明的前途。

《進化論》的提出者達爾文，從小就對大自然產生了濃厚的興趣。但他中學畢業時，卻按照父親的意願進入了神學院學習。在經過一段時間的學習後，他還是不能忘記自己喜歡的東西，對於這些枯燥的經文，學習起來就如同嚼蠟，極度苦澀。他的心情失落到了極點，就在這樣的情況下，他決定放棄，放棄學習經文，放棄神學院的教導。他決定跟隨貝格爾號巡洋艦做環球旅行，開始他對物種新的探索。放棄，鑄造了他的成就，使達爾文成為了科學史冊上不可忽略的名字。

只有毫不猶豫地放棄，才能從容選擇，才能重新輕鬆地投入到新生活中，才會有新的發現和轉機。學會放棄，其實就是一種淘汰。淘汰自己的弱項，選擇自己的強項。該爭取的，不必猶豫；該放棄的，也用不著惋惜。

所以，如果你付出很大的努力仍然無法成功時，我們不妨放棄，換一個目標，或許我們會成為一個智者。如果我們再也激不起別人對我們的熱情，我們不妨放棄，把我們綿綿的情意，深深地埋在心底。

如果我們走進一條死胡同，我們應該放棄，必要的回頭，會給我們帶來新的機遇。如果我們得到一個意外的收穫，我們應該放棄，意外的背後，往往潛伏著一定的危險。如果我們的成功已達頂峰，我們更要學會放棄，開創新的天地，才能讓我們更加燦爛。

放棄是一種智慧，是真正的瀟灑。放棄是一針清醒劑，讓我們靜下心來好好反思，讓我們的頭腦更清晰。有了一個清晰的頭腦，我們就可以設想我們的前景，我們就可以達到我們想要達到的目標。放棄是一個更新的起點，找準自己的位置，我們就會煥發出我們擁有的美麗。我們之所以舉步維艱，是因為背負的東西太重，我們之所以背負的東西太重，是因為還沒有學會放棄。學會放棄，懂得放棄，才更懂得擁有，懂得珍惜。我們放棄了煩惱，便能與快樂結緣；我們放棄了失敗，便能步入成功。

人生是既複雜又簡單的，說其複雜，是因為它存在著許多複雜的思想和意識；說其簡單，是因為它可以讓我們的心懂得如何取得和放棄。應該取得的需要努力爭取，不該取得的則要決然放棄。取得往往容易心情坦然，而放棄則需要很大的勇氣。所以，若想駕馭好自己的生命之舟，就必須懂得：學會放棄！

人之一生，藏於心靈深處的東西很多很多，由此背上了人生的重負，所以，需要我們放棄的東西也很多。其實，放棄是一種智慧。同時放棄是一種清醒，放棄也是一種特殊的愛。一個人如果放棄了煩惱，便會與快樂結緣；放棄了自私的利益，便會步入超然的境地；如果能連放棄也放棄了，那麼就很偉大了，已與聖人無異了……命由已造，相由心生，命運始終都掌握在我們自己的手裡。

8．如果摘下了有色眼鏡，就少些偏見

在生活中，大多數人都戴著一副有色眼鏡。在看別人時，總看見不好的一面，總指責別人身上的缺點；而看自己時卻總是看到優點。有時人們看到他人身上的缺點時，並不一定就是那個人所有的。也就是說，人們往往帶著一種偏見看待別人。所謂偏見，指的是人們對某事持有的觀點或信念，而這種觀點和信念其實並不符合客觀事實或與邏輯推論相違背。它帶有很強烈的個人色彩。所以說，如果一個人在頭腦中對他人已經有了一些不切實際的觀念，那這種觀念就會被強加到他人身上，一時是很難改變的。但這種偏見在他看來，卻認為是極其客觀的。

有一個教體育的老師，他愛上了一個女孩，那個女孩對他印象也不錯，可是女孩的父母卻反對他們的交往。因為他們認為搞體育的人一般都是四肢發達、頭腦簡單，並且做事魯莽。結果在父母強烈的逼迫下，兩人不得不分手。

可見，一個人的偏見是非常強的，以至於很難用事實去反駁他。這種人往往忍受不了從多個角度來看待事物，他們堅持的是非此即彼。

儘管偏見是一種普遍存在的現象，但它卻是人們互相交流的一個重大障礙。在它的影響下，可能原本會成為好朋友的兩個人卻可能反目成仇。如果一個人想要與他人有一個和睦友善的互動關係，就需要放棄這種偏見，放棄那種先入為主的不良觀念。要放棄偏見，就需要承認別人的優點，就需要從實際的生活中學會觀察，從多個角度去考量一個人或一件事。冷靜自己的頭腦，傾聽別人的言論，客觀地分析，才能卸下偏見的眼鏡。

在一所小學裡，有一個班長欺負了班上一個同學。這個同學把這件事告訴了老師，老師一聽就說：「你說其他人欺負你我還相信，說他欺負你這不可能。」

偏見對於普通人還可以理解，但如果連有一定知識修養的老師都有這樣的問題，可見刻板的印象影響是很大的。所以，在對他人有一個全面的了解之前，不要隨意地讓自己設想的情景禁錮你的頭腦。

除了偏見能引起一個人對他人的誤解，愛批評的心態同樣左右著他的大腦。有的人認為批評了別人就是抬高了自己的地位，就能顯示自己的派頭。其實則不然，表面上批評他人好像是占了便宜，但實際上卻顯出了批評者是一個沒有風度的人，顯出他是一個患得患失的人，根本就沒有達到一種豁達的境界。得失對其來講，是非常重要的。

當一個人學會放棄偏見，放棄對別人的批評，那他就在修養上達到了一定的境界，就有了一種開闊的眼界，就能敞開胸襟接納所有的事物，就能讓自己活得比別人更有滋味，就能讓人覺得他是一個可以親近的人。但凡有大作為的人，都必須通過這一關，都應該放下心中別人抱怨的包袱。他不會去一味地關注他人的失敗，而不顧自己的發展。

放棄偏見，會使人變得寬容；放棄批評，可使人得到休整；放棄抱怨，可以贏得別人的尊重；放棄嫉妒，可以獲得他人的親近。所以當我們與人發生矛盾或衝突時，儘量放棄爭強好勝的心理，那樣才會化干戈為玉帛，使彼此和好如初；當我們與家人發生摩擦時，儘量放棄爭執，才會得到家人的諒解，使家庭和睦溫馨。

9・如果不再顧慮小過失，就會很輕鬆

有些人在面臨大事時能穩住陣腳，但在面對一些小事情時卻慌了手腳，不知道該如何處置；有些人可以經受住生死的考驗，卻被小事所煩憂。也有的人在大事上可以瀟灑地放手，卻對一些小事念念不忘，比如為一些雞毛蒜皮的小事爭吵。他們浪費了許多寶貴的時間在這些小事情上，而不是用這些時間去做一些有價值的事，去想一些應該思考的問題。

其實，生活有時正是因為我們太看重小事，反而過得很累。所以，如果想要讓自己過得愜意，就不要揪住一些小事不放手。

約瑟夫・沙巴士是芝加哥的一名法官，他仲裁過四萬多件不愉快的婚姻案件。他曾感歎地說：「大部分婚姻生活不美滿的原因，通常都是一些小事情。」

還有一名地方檢察官也說道：「在我們的刑事案件中，有很多都是起因於一些很小的事情。比如，在酒吧裡說話侮辱別人，行為粗魯不講禮貌，最後才導致傷害的。許多犯了錯的人，都是因為自尊心受到了小小的傷害，就控制不住自己，結果釀成了傷心事。」

法律不會去管一些小事情，一個人也不該為這些小事情憂慮，如果他希望求得心理上的平靜。如果我們能對一些小事聳聳肩，那說明我們已經變得成熟。因為只有當一個人的思想不再顧慮身邊發生的一些小過失時，那他才有了一種可以輕鬆過生活的資本。

要想克服被小事困擾的毛病，只要把自己的看法和重點改變一下就可以了。讓自己注意一些可以令自己開心的東西，做一些能令自己變得更好的事情。這樣在短促的一生中，我們才不會因自己浪費了不必要的時間而傷心後悔。就如吉布林所說：「生命是這樣的短促，不能再顧及小事。」

有位智者說：「在我們的生活中，約有90％的事情是好的，10％的事情是不好的。如果你想過得快樂，就應該把精力放在這90％的好事上面；如果你想擔憂、操勞，就可以把精力放在那10％的壞事情上面。」

的確，如果我們能放手那10％的小事，那我們就能過得舒心！

林肯說過：「人只要心裡決定快樂，大多數都能如願以償。」

快樂是內發的，它的產生不是由於事物，而是由於個人所產生的態度和觀念。如果我們感到可憐，很可能會一直感到可憐。如果放棄不快樂的來源——過度的自尊，那你就能在發生交通堵塞或被踩腳趾頭這類小事時避免火冒三丈。

在科羅拉多州長山的山坡上，躺著一棵大樹的殘軀。自然學家說，它有四百多年的歷史。它初發芽時，哥倫布剛在美洲登陸；它長到成年的一半時，第一批移民剛剛到美國。四百多年來，它無數次地被狂風暴雨襲擊過，被閃電擊中過，但它戰勝了它們，存活了下來。

不幸的是，它最後被一小隊甲蟲擊倒了。那些甲蟲從它的根部開始咬，在這種持續不斷的攻擊下，這個森林中的巨人，終於倒下了。歲月不曾使它枯萎，閃電不曾將它擊中，狂風暴雨不曾使它動搖，但小甲蟲卻使它傾倒了。

有些人就如同這棵大樹，經歷了生命中許多風暴的衝擊，都挺過來了，結果卻讓一些小事的憂慮給打敗了。如果我們想讓自己的生命之樹不遭受小蟲的咬噬，就要讓自己的心學會寬待他人和他事，就要學會放下一些小事情。

當我們在放下的那一剎那，我們可能發現頭頂上充滿了耀眼的光彩，我們收穫了一片光明。為了使我們的事業更加成功，為了使我們的生命價值得到最大體現，我們不妨放棄人生道路上的瑣瑣碎碎，去擁有更加廣闊的天空。

10．如果認定的大門不開，不妨換個窗

羅根・史密斯說過：「生命中只有兩個目標：其一，追求你所要的；其二，享受你所追求到的。」

如果我們敢於追求，那我們就能找到自己可以享受到的東西。如果我們能不拘泥於已有的東西和別人所給予的東西，而是去尋找屬於自己的東西，那我們就能放下心中的枷鎖，輕快上路。

柏拉圖放棄了對導師蘇格拉底的信仰，才創立了自己的理念論。愛因斯坦放棄了牛頓的力學論，才提出了自己的相對論。比爾・蓋茲放棄了別人頭腦中對哈佛大學的觀念，才建立了微軟公司。

他們都做出了放棄，結果換來了成功。並不是每次放棄都能成功，但是如果沒有放棄絕不會有他們那樣的成功。一個人要想真正地牛活，要想有所作為，就必須衝破外界因素的控制，就必須破除左右我們的思想的框框。

一個人如果不想糊塗地度過自己的人生，就不能重覆別人制定的程式，就不能讓別人的想法成為我們行動的按鈕。如果我們過度地認可他人，那無疑是在貶低自己的智商，把自己的生活依附在他人身上。

我們可以吸取他人優秀的思想，可以羨慕他人取得的成就，但卻不能膜拜他，不能信仰他的理論。否則就會給自己戴上了一個永遠無法讓自己站起來的套子。如果我們要用他人的標準來解釋自己的思想，來衡量自己的行為，那就會看不到自己的成績，不能勇於為自己的事情擔負責任。

如果我們學會放棄一味地繼承他人的思想，學會放棄他人對我們的專制，那我們的每次放棄都將無愧於自我，都能展現出真正的自我。放棄能讓我們邁向成功的彼岸。

如果放棄別人的想法，我們還可以做到。那麼，要讓我們放棄已取得的成功，再嘗試從零開始，可能需要很大的勇氣。由自己一手創建的事業，凝聚著自己的心血，每踏出一步，無不付出艱辛的代價，其中的奮鬥過程只有自己明白。如果放棄這些，意味著以前的一切努力都將付諸東流。有可能在新的起點上，我們會輸得一敗塗地，再也無法翻身。

可是，如果我們已明確了自己的目標，而已取得的成就已經不能再適應我們的發展，不妨試著放棄它，選擇另一條發展之路，也許我們將發現現在所走的路才是自己應當走的路，才是自己生命的開始，才能真正找到自己一生為之奮鬥的目標。

這就是生命的樂趣，生命是自己的，路只能自己走。不管是荊棘小路，還是光明大道，只有在探索中才能知道，才能體會出苦與甜的滋味。如果生命之路沒有風險，那怎能品味人生？學會放棄，或許明天的天空會更寬闊。

如果我們認定的唯一一扇大門不再為我們敞開，那就不必再在門前徘徊或撞個頭破血流終不醒悟。我們要學會放棄，轉身尋找一個為我們開放的天窗，或許在那兒我們同樣能望見滿天星斗。

不會放棄的人，永遠無法獲得；懷舊的人，不知道什麼是眺望。放棄不是逃避，不是懦弱，而是一種選擇，是一種灑脫。放棄也是波峰之間的波谷，漲潮前的退潮。有波谷才有波峰，有低潮才有高潮。

第6章

持平常心，淡然處世最聰明

所謂平常心，一、是不高估或低估自己的能力，具體表現為對自己做任何事的成功和失敗的機率有準確的預測。二、是既積極主動，要盡力而為，又順其自然，不苛求事事完美，有從容淡定的自信心。做好每天要做的事情，享受生活，享受做好每一件事情所帶來的快樂，就會有足夠的力量承擔一旦到來的挫折和痛苦。

1．身在何處都要學會坦然

這個世界有太多的誘惑，因此有太多的欲望。一個人要以清醒的心智和從容的步履走過歲月，那麼他的內心必定不能缺少澹泊。雖然我們渴望成功，渴望能在有生之年畫出優美的人生軌跡，但我們需要的是一種平平淡淡的快樂生活，一份實實在在的成功。這種成功，不必努力苛求轟轟烈烈，不一定要有那種揭天地之奧祕，救萬民於水火的豪情。只是一份平平淡淡的追求足矣！

陶淵明生於西元三六五年，是中國最早的田園詩人。陶淵明生活的時代，朝代更迭，社會動盪，人民生活非常困苦。西元四〇五年秋天，陶淵明為了養家糊口，來到離家鄉不遠的彭澤當縣令。這年冬天，他的上司派來一名官員來視察，這位官員是一個粗俗而又傲慢的人，他一到彭澤縣的地界，就派人叫縣令來拜見他。

陶淵明得到消息，雖然心裡對這種假借上司名義發號施令的人很瞧不起，但也只得馬上動身。不料他的手下提醒說：「參見這位官員要十分注意小節，衣服要穿得整齊，態度要謙恭，不然的話，他會在上司面前說你的壞話。」

一向正直清高的陶淵明再也忍不住了，他長歎一聲說：「我寧肯餓死，也不能因為五斗米的官餉，向這樣差勁的人折腰。」他馬上寫了一封辭職信，離開了只當了八十多天的縣令職位，從此再也沒有做過官。

從官場退隱後的陶淵明，在自己的家鄉開荒種田，過起了自給自足的田園生活。在田園生活中，他找到了自己的歸宿，寫下了許多優美的田園詩歌。

生活，並不是只有功和利。儘管我們知道必須去奔波賺錢才可以生存，儘管我們知道生活中有許多無奈和煩惱。然而，只要我們擁有一顆澹泊之心，量力而行，坦然自若地去追求屬於自己的真實，做到寵亦泰然、辱亦淡然，如日月清風一樣來去不覺。那麼，生活不是會輕鬆得多嗎？

有了這份平淡的處世心態，我們就會在簡簡單單的生活中快樂地生活。在平日忙碌而充實的生活中，職務平凡，但我們樂在其中；斗室而居，但衣食自足。我們就像普普通通如一棵草，平平凡凡如一朵花，但我們同樣可以驕傲，默默綻放的花朵同樣芳香怡人！

也許，我們沒有輝煌的業績可以炫耀，沒有大把的鈔票可以揮霍，但我們擁有澹泊，這便是人生求之不得的幸福了。諸葛亮有言：「非澹泊無以明志，非寧靜無以致遠。」澹泊是一種真我，是英雄本色。追求澹泊者，生活的道路會開滿鮮花、芳香四溢；追求名利者，生活的道路可能會遍佈陷阱，甚至只能在生命終結的一剎那才能體會到稍縱即逝的一絲快樂。

人生的大戲不可能永遠處於高潮，平平淡淡才是真，擁有澹泊之心，便能撥雲見日，體會到生活的真正內涵，否則，只能在生活的邊緣徘徊，將時光埋沒在空洞的追名逐利之中。

學會澹泊，擁有澹泊吧！朋友，學會和擁有了它，我們就能在愈演愈烈的物欲和令人眼花繚亂、目迷神惑的世相百態面前神寧氣靜，就會拋開一切名韁利索的束縛，在人生的大道上邁出自信與豪邁的步伐。學會澹泊，讓心靈回歸到本真狀態，從而獲得心靈的充實、豐富、自由和純淨。

2．建一道寵辱不驚的防線

唐太宗時期，有個負責運糧的官員在運糧的時候遭遇了風暴，導致糧船沉沒了。到年終考核時，考功員外郎盧承慶奉命給下級官員評定等級。評定等級事關每位官員的仕途升遷，所以大家都非常緊張。因為運糧船沉沒一事，盧承慶給那位運糧官評了個「中下級」，那位運糧官沒有流露出半點不高興的神情。後來，盧承慶綜合考慮各種因素，又將運糧官的級別改成了「中中級」，運糧官也沒有流露出半點高興的神情。不論自己評的是什麼級別，運糧官都坦然接受，而且依舊認認真真地做自己的事情。盧承慶讚揚他「寵辱不驚，實在難得」，又將他的級別改成了「中上級」。

人的一生，各有各的追求，有人追求名譽，有人追求金錢，有人追求權力。然而人生的真正價值是什麼？記不清哪位哲人說過：「一個生命也許只有在名利面前寵辱不驚，而又能為其他生命做出貢獻的時候，才能充分顯示出它的巨大力量、深層次意義和寶貴價值來。」

生命的價值在於奉獻，在於為社會、為他人做出貢獻的大小。一個人能盡心盡力地去服務社會，幫助他人，那麼生命的價值就得到了實現。生命只是一段歷程，在這有限的生命中，有人拼命享受，拒絕付出一點點，這樣的人說他活著，但生命已經枯萎了。

珍視自己生命的價值，對生命負責的人，會盡力去做有益的事，讓生命之樹枝繁葉茂綠意盎然。

許多人喜歡以自我為中心，信奉「人生如朝露，行樂須及時」。這是一種自私的「我」，是小「我」，只有那種公而忘私，甘做孺子牛的「我」才是大「我」。其實，活著最重要的是對自己的生命負責。

生命的價值並非想像，而是實踐。花兒向這個世界吐露芬芳，對花兒本身而言，那就夠了（她不求回報）。

一切事物隨時在變化，倘若因為害怕凋零，花兒便因此拒絕開放，這才是最愚蠢的。就像知道人會死亡，所以就悲觀墮落，同樣是錯誤的。

因此，在人生價值實現的過程中，我們不可過於看重名利，只為自身享樂而活，否則就會喪失了自身存在的價值。

其實，一切名利，都只是過眼雲煙。佳人豔麗，終究會有美人遲暮的一天；一個人在生命即將結束的時候，如果能問心無愧地說：「我已經不虛此行了。」那麼他便此生無悔了！

3．寂寞何嘗不是一種清福

生活在現代社會的人們，越來越不甘心寂寞的生活了，每天都把自己的生活安排得滿滿的，生怕自己一旦有空閒就會六神無主。然而，有多少人知道，寂寞有時也是人生路上一道亮麗的風景。

貝多芬因為寂寞而成就了自己，命運加在貝多芬身上的不幸是將他的靈魂鎖閉在磐石一樣密不通風的「耳聾」之中。這猶如一座不見天日的囚室，牢牢地困住了他。不過，「聾」雖然帶來了無可比擬的不幸和煩憂，卻也帶來了與人世的喧囂相隔絕的安靜。他誠然孤獨，可是有「永恆」為伴。

貝多芬留客人在他屋子裡吃簡便晚餐的時候，說起了他往昔的許多故事，包括他在童年時跟海頓和巴赫學習時的生活，包括他為了糊口指揮鄉村音樂隊的生活……

不知道有沒有人看過羅曼．羅蘭的《約翰．克利斯朵夫》，在那本大書裡流著一條大河，那條大河就是從貝多芬身上流出來，並且加以引申開來。

貝多芬向他的客人敘述最後一次指揮音樂會的情形。那次節目是《費黛里奧》。當他站在臺上按著節拍指揮時，聽眾的臉上都有一種奇怪的表情，可是誰也不忍告訴他。演奏告終，全場掌聲雷動。貝多芬什麼也聽不見，很久很久背身站在指揮臺上，直到一個女孩拉著他的手向觀眾答謝時，他才緩緩地轉過身來。原來他完全聾了！他永遠不能擔任指揮了！

貝多芬對客人大聲地說：「聽我心裡的音樂！你不知道我心裡的感覺！一個樂隊只能奏出我在一分鐘裡希望寫出的音樂！」

相對於貝多芬來說，許多人抱怨生活的壓力太大，感到煩躁，埋怨不得清閒。於是，追求清靜成了許多人的夢想，但同時又害怕寂寞。其實寂寞並不可怕，只要能暫時放下心中的惦念，真心體味，寂寞也是一種清靜，而且這種清靜更有價值。

寂寞是一種享受。在這喧囂的塵世之中，要保持心靈的清靜，必須學會享受寂寞。寂寞就像個沉默寡言的朋友，在清靜淡雅的房間裡陪我們靜坐，雖然不會給我們諄諄教導，但卻會引領我們反思生活的本質及生命的真諦。寂寞時我們可以回味一下過去的事情，以明得失；可以計畫一下未來，未雨綢繆；可以靜下心來讀點書，讓書籍來滋養一下乾枯的心田；可以和她一起去散散步，彌補一下失落的情感；還可以和朋友聊聊天，扯個天南地北。

寂寞，是一種難得的感受。當我們想要躲避它時，表示我們已經深深感受到了它的存在。此時，不妨輕輕地關上門窗，隔去外界的喧鬧，一個人獨處，細心品味寂寞的滋味。坐在桌前，焚一爐檀香，沖一杯咖啡，翻一本書，感受久違的紙墨清香。當然，如果我們願意，盡可以啥也不幹，只是坐在那裡沉思，思考人生，思考大腦中存儲的一切。如果我們願意，我們可以什麼也不想，只是一個人靜靜地待上一會兒，讓大腦暫時處於休眠狀態。

寂寞，是一種清福。正像梁實秋先生所描繪的那樣：

寂寞是一種清福。我在小小的書齋裡，焚起一爐香，嫋嫋的一縷煙線筆直地上升，一直戳到頂棚，好像屋裡的氣是絕對的靜止，我的呼吸都沒有攪動出一點波瀾似的。我獨自暗暗地望著那條煙線發怔。屋外庭院中的紫丁香還帶著不少嫣紅焦黃的葉子，枯葉亂枝的聲響可以很清晰地聽到，先是一小聲清脆的折斷聲，然後是撞擊枝幹的磕碰聲，最後是落到空階上的拍打聲。這時節我感到了寂寞。在這寂寞中我意識到了我自己的存在——片刻的孤立的存在。

寂寞，是知心好友。在我們心煩時，它不會打擾我們，也不會對我們有所求。

熱鬧需要外求，而寂寞是隨時與我們同在，在我們需要時，它便輕輕地來到我們身邊，靜靜地聽我們傾訴心聲。它能為我們保守祕密，雖然它無言無語，卻能讓我們更好地認清自己。它不會對我們指手畫腳，卻能讓我們以更加自信的步伐邁出人生的下一步。

寂寞，是一首詩，一道風景，一曲美妙的音樂。

所以有位哲人認為：其實寂寞並不是一件壞事，相反，所有人類的不幸，都是起始於無法一個人安靜地坐在房間裡。

4．給心靈一片寧靜的天空

西方有位哲人在總結自己一生時說過這樣的話：「在我整整75年的生命中，我沒有過上四個星期真正的安寧。這一生只是一塊必須時常推上去又不斷滾下來的崖石。」所以，追求寧靜，對許多人來說成了一個夢想。由此看來，寧靜並不是每個人都能享受的。

可是，在現實生活中，也不乏害怕寧靜，時時借熱鬧來逃避寧靜以麻痹自己的人。如今，已經很少有人能夠固守一方，獨享一份寧靜了，更多的人腳步匆匆，奔向人聲鼎沸的地方。殊不知，熱鬧之後卻更加寂寞。我們如能在熱鬧中獨飲那杯寂寞的清茶，也不失為人生的另類選擇。

因為，寧靜是一種難得的感覺，只有在擁有寧靜時，我們才能靜下心來悉心梳理自己煩亂的思緒；只有在擁有寧靜時，我們才能讓自己成熟。

老街上有一個鐵匠鋪，鋪裡住著一位老鐵匠。由於沒人再需要打鐵製造的器具，現在他改賣鐵鍋、斧頭和拴小狗的鏈子。他的經營方式非常古老和傳統。人坐在門內，貨物擺在門外，不吆喝，不還價，晚上也不收攤。無論什麼時候從這兒經過，人們都會看到他在竹椅上躺著，手裡一個半導體，身旁是一把紫砂壺。

老鐵匠的生意也沒有好壞之說。每天的收入正夠他喝茶和吃飯。他老了，已不再需要多餘的東西，因此他非常滿足。

一天，一個文物商人從老街經過，偶然看到老鐵匠身旁的那把紫砂壺。因為那壺古樸雅致、紫黑如墨，有清代制壺名家戴振公的風格。於是他走了過去拿起那把壺，壺嘴內有一記印章。果然是戴振公的，商人驚喜不已。

商人端起那把壺，想以10萬元的價格買下來。當他說出這個數字時，老鐵匠先是一驚，然後馬上拒絕了。因為這把壺是他爺爺留下來的，他們祖孫三代打鐵時都喝這把壺裡的水，他們的汗也都來自這把壺。

商人走後，老鐵匠有生以來第一次失眠了。這把壺他用了60年，並且一直以為是把普普通通的壺。現在竟然有人要以10萬元的價格買它，他轉不過神來。

過去，他躺在椅子上喝茶，都是閉著眼睛把壺放在小桌上。現在他總要坐起來再看一眼。這讓他非常不舒服。特別讓他不能容忍的是，當人們知道他有一把價值不菲的茶壺後，總是擁破宅門，有的問還有沒有其他的寶貝，有的甚至開始向他借錢。更有甚者，晚上推他的門。他的生活被徹底打亂了。

幾天之後，老鐵匠再也坐不住了。他招來左右店鋪的人和前後鄰居，拿起一把斧頭，當眾把那把紫砂壺砸了個粉碎。

現在，老鐵匠還在賣鐵鍋、斧頭和拴小狗的鏈子。據說他已經100多歲了。

老人家砸爛了茶壺，他只想得到一片屬於自己的寧靜。

寧靜是一種感受，是一種難得的感覺，是心靈的避難所，它給我們足夠的時間去舔舐傷口，重新以明朗的笑容直面人生。

懂得了寧靜，便能從容地面對陽光，將自己化作一盞清茗，在輕啜深酌中漸漸明白，不是所有的生長都能成熟，不是所有的歡歌都是幸福，不是所有的故事都是真實的，有時，平淡是穿越燦爛而抵達美麗的一種高度，一種境界。當寧靜來臨時，輕輕合上門窗，隔去外面喧囂的世界，默默獨坐在燈下，平靜地等待身體與心靈的一致，讓自己從悲喜交集中淨化出來思想。

這樣，被一度驅遠的寧靜會重新得到回歸。我們靜靜地用自己的理解去解讀人世間風起雲湧的變化，思考人生歷程中的痛苦和歡悅。當我們真正領略了人生的豐富與美好，生命的宏偉和廣闊，讓身心平直地立在生活的急流中，不因貪圖而傾斜，不因喜樂而忘形，不因危難而逃避。我們就讀懂了寧靜，理解了寧靜。於是，寧靜不再是寧靜，寧靜成了一首詩，成了一道風景，成了一曲美妙的音樂，成了一種至高的享受。

這是寧靜的淨化，它讓人感動，讓人真實又美麗。

5・意氣用事惹出更大的事

春秋戰國時期，齊國有三位很傑出的武士田開疆、古冶子和公孫捷。三人都十分英勇善戰，被人們稱為三勇士，很受齊王的寵愛。久而久之，這三個勇士挾功自傲、橫行霸道、目中無人。而在這個時候，齊國陳無宇想乘機把三勇士收買過去，以推翻齊王，奪取政權。

相國晏嬰看到這種情況，內心十分擔憂。為了國家的安定，晏嬰決定尋找機會除掉這三個勇士。可是憑他的說辭齊王肯定是不會殺掉這三個勇士的。但晏嬰想到了一個辦法，這個辦法被後世稱為「兩桃殺三士」。

有一天，魯國國君來訪，齊王在王宮設宴款待他們。晏嬰、三勇士和文武百官都列席作陪。晏嬰看到三勇士盛氣凌人、不可一世，心中便有了主意。宴席進行到一半，晏嬰上前奏請齊王，讓他到花園裡摘些桃子來宴請貴客，齊王表示同意。於是晏嬰到王宮後面的花園裡摘了六個桃子回來。這六個桃子，兩國國君各吃了一個，兩國的相國各吃了一個，最後只剩下兩個桃子。晏嬰提議讓兩旁的文武官員各自報功，誰的功勞大就把桃子賞給誰。

齊王覺得這個主意不錯，還可以增加宴會的喜慶氣氛，便讓他的文武官員各自述說自己的功勞。這時公孫捷首先站出來說：「從前我陪齊王打獵時，曾親手打死一隻老虎，解了齊王的圍，這算不算功勞大？」晏嬰說：「這個功勞自然算大，應該賞賜。」於是齊王賞給公孫捷一個桃子，公孫捷感到很得意。

古治子見狀，立即起來說：「打虎不算什麼，我當年在黃河的驚濤駭浪中殺過一頭大龜，救了齊王的命，這功勞可不比公孫捷小。」齊王一聽，覺得他說得很對，於是把最後一個桃賜給了古治子。

就在這時，三勇士中的最後一位田開疆實在是坐不住了。他滿腹牢騷地講述了自己領兵攻打敵國，俘虜敵人五百多人，為國家強大立下了赫赫戰功。然後問齊王他的功勞夠不夠大。齊王無可奈何，於是安慰他說：「你的功勞確實很大，可是你說得太遲，桃子已經沒有了，下次再賞賜你。」田開疆聽不下去，覺得自己為國征戰反倒受了冷落，而且是在眾目睽睽下受到這樣的侮辱，一時氣憤難平，便當場拔劍自刎而死。

公孫捷見狀，也拔出劍來說：「我功勞小而受到賞賜，田將軍功高而沒有得到賞賜，這確實不合情理。」於是順手一劍也自我了斷了。這時古治子也跳出來說：「我們三人曾經發誓同生死，今天他們二位已死，我怎麼能獨自活著呢？」說完也自殺了。這三個勇士在說話之間就自殺身亡了，齊王連阻止都來不及，所有的來賓也都嚇得目瞪口呆。晏嬰以他的智慧，僅僅用了兩個桃子，就殺掉了三個勇猛異常的勇士，化解了國家的禍患。

其之所以成功，就在於他抓住了這三個人一個共同的致命的弱點，那就是過於意氣用事。什麼事情他們都不願意思考，如果覺得受了侮辱，要麼和侮辱他們的人決一死戰，要麼就自殺以此來血洗恥辱。這樣的人只能叫莽夫。他們從來不給自己思考的時候，因此他們往往會中別人的圈套。很多史學家和作家在刻畫人物的時間，總是把勇和謀分得很開，要麼有謀無勇，要麼有勇無謀。有勇無謀在武將中表現得最明顯，他們往往也是最容易上當受騙的人，似乎在他們生存的那個年代他們顯得過於天真。

事實上，並不是那些智商本來就低下的人才會意氣用事。如果一個人受到奇恥大辱或者背負血海深仇的時候，往往也會意氣用事。劉備也是一個意氣用事的典型。劉備自從得到了軍師諸葛亮以後，一般都聽從諸葛亮的安排來行軍打仗，但是最後一仗，他沒有聽從諸葛亮的勸告，而是十分意氣用事地率領大軍去進攻東吳。因為他要給關羽報仇。

關羽在麥城被孫權設計俘虜之後，孫權因為愛關羽的才德，勸他投降。但關羽兩眼圓睜，厲聲大罵。孫權考慮很久之後，才叫人將關羽父子推出斬首。

關羽父子被害的消息傳到成都，劉備大叫一聲，昏倒在地。劉備從此不吃不喝，每天只是痛哭不止，連眼睛都哭出血來，發誓要引兵為關羽報仇。劉備還親自在成都南門外主持招魂祭奠，終日嚎哭不止。劉備很快就病倒，政務全交給諸葛亮一人處理。不久曹丕稱帝，漢獻帝被殺，諸葛亮便上表請劉備做皇帝，以繼承漢家事業。劉備先是不肯，後來還是聽從了文武百官的勸告在成都登壇祭天稱帝。

劉備稱帝後便要興兵攻吳為關羽報仇。趙雲勸劉備以天下為重不要出兵，劉備不聽。諸葛亮也率領百官苦苦相勸，劉備心中有一些動搖，然而這個時候，張飛從閬中趕來，哭著要劉備為關羽報仇，劉備聽了張飛的話，決心起兵。

張飛回到閬中，限三日內全軍白旗白甲，掛孝伐吳。部將范疆、張達請求寬限一些時日，張飛不聽，鞭打兩人，而且下了死命令。范疆、張達二人懷恨在心，當天晚上，二人見張飛酒醉未醒，於是殺了張飛，連夜投奔東吳去了。

劉備得知張飛遇害，哭昏在地。第二天張飛的兒子張苞、關羽的兒子關興就來見劉備，劉備抱住兩個侄子痛哭，發誓要替張飛和關羽報仇。孫權聽說劉備引70萬水陸大軍前來報仇，急忙召集眾將商量對策。諸葛瑾願意前去和劉備談和停戰。

諸葛瑾見到劉備，表示願歸荊州，並送還孫夫人，劉備還是不肯甘休。

孫權見劉備不肯罷兵，於是派趙咨去見曹丕，讓曹丕出兵攻漢中，幫助東吳解圍。然而曹丕只封孫權為吳王，加九錫，但既不說明吳，也不說明蜀，聽任兩國交兵。他是寄希望於一國被滅後，再出兵除掉另一國，以坐收漁翁之利。

戰爭初期蜀漢軍隊節節勝利，東吳軍隊節節敗退。傅士仁、糜芳見劉備勢大便殺了馬忠投奔劉備。劉備將馬忠的頭祭在關羽靈位前，又將傅士仁、糜芳二人刀剮祭靈。孫權見蜀軍銳不可擋，便將張飛首級和范疆、張達送還劉備，請求劉備停戰。劉備將范、張二人刀剮於張飛靈前，卻不願停戰。

這時大將闞澤以全家性命作保向孫權推薦陸遜領兵抵抗劉備，孫權下決心用陸遜。築壇拜陸遜為大都督，右鎮西將軍，賜尚方寶劍，遇事可先斬後奏。

劉備聽說陸遜就是定計取荊州的人，便要領兵去戰。馬良勸劉備不可輕敵。劉備就是小看陸遜，領軍攻打各處關口。

蜀軍天天叫罵，但吳軍仍然堅守不戰。天氣炎熱，劉備便令人將營寨移入林中陰涼處。劉備讓吳班到關前誘敵，軍士赤身臥在陣前。吳將徐盛、丁奉要求出戰，陸遜不准，說這是誘敵之計，三日後可見分曉。三日後陸遜領眾將到關上觀望，見吳班兵已經離去，劉備伏兵走出谷口，眾將這才心服口服。劉備又讓水軍順江而下，在東吳境內沿江紮寨。陸遜見時機成熟，便點將出兵。初更時分，東南風大起，蜀營到處起火，蜀軍自相踐踏，死傷無數。結果東吳軍隊大破蜀軍。劉備逃往白帝城，最後鬱鬱而終。

為人處世一定要冷靜，尤其是在情緒激動的關口，千萬不要妄動。很多時候很多事情都不能看表面，應該換個位置想想，不要因為一面之詞而蒙混了視聽，也不要因為蒙混了視聽而作衝動的舉動，否則，到時候我們會後悔的！

6．把等待也當成一種美妙

有一次，有一位年輕人到關渡，看到有一群人，手裡拿著望遠鏡，對著藍天，對著那一片泥沼，對著那整片紅樹林望著。他不禁好奇地趨前問他們：「你們在望什麼啊？」

只見那些人理所當然地回答道：「我們在等啊！」

「等？等什麼呢？」

「等鳥飛過來！」

又有一次，這個年輕人到海邊玩，看見許多人手裡握著釣竿，面向大海，把線放得遠遠的，每個人的眼神充滿了篤定。

他便問其中的一人：「你們面對大海，心裡在想什麼呢？」

那個人回答說：「我們在等啊！」

「等什麼？」

「等魚兒！」

於是，年輕人也開始在生活中學習「等」的感覺。等著紅燈變綠燈，等著太陽升起，等著夜晚變白天，等一種「沉澱」，他開始享受等待的美好感受了。

古時候人們曾用驢子推磨，但為了避免牠懶惰不肯用力，就先把驢子的眼睛蒙起來，讓牠看不見，再將花生醬抹在驢子的鼻子上，驢子聞到香味，以為前面一定有好吃的食物，就會拼命往前衝。

在生活中，人們也常常在追逐著這個、追逐著那個，到頭來往往也都是空忙場，這跟驢子又有什麼兩樣呢？

所以在我們的人生中有了「等」的期待，有了停一停，等一下的美好。很多人是不喜歡「等」的感受的。走在馬路上，我討厭等紅燈；搭公車時，我討厭一站站地停；買東西時，我討厭排隊結賬；到館子吃飯，我更討厭站著等位置。

然而，我們的生活中不可缺少等的感覺。「等」可以使心情變得美好起來！試想，在音樂裡如果沒有休止符，那音樂就會變成刺耳的噪音；在一幅畫裡，如果沒有空白那就是雜亂無章的垃圾；而人生中如果沒有「等」的期待，就沒有辦法享受希望與夢想的美妙感受了。

在下雨時，我們等著太陽出來；當陽光透出雲際的同時，我們等到了彩虹。然而，無論是等待時的希望，還是彩虹給我們的美妙，都是我們人生中的美好感受啊！如果，彩虹時刻掛在天空裡，那我們還會覺得它是那樣的美麗嗎！

也許有時我們真的等不下去了，其實那是我們已經感到沒有了希望，既然如此，那就沒有必要再無望地等了，改變一下自己的方向，我們就可以開始新的一切了。當然，這還需要我們開始新的等待。

生活中，由於有了等待，才會讓我們在獲得時感到了更強烈的興奮和感激。不要再為等待的漫長而倍感焦急，讓我們的心情逐漸平靜，去用平和的心境感受等待和希望的美妙。

7．牢騷會讓生活沒了希望

有這樣一個故事：相傳，有個寺院的住持，給寺院裡立下了一個特別的規矩：每到年底，寺院裡的和尚都要面對住持說兩個字。第一年年底，住持問新和尚心裡最想說什麼，新和尚說：「床硬。」第二年年底，住持又問他心裡最想說什麼，他回答說：「食劣。」第三年年底，他沒等住持問便說：「告辭。」

住持望著新和尚的背影自言自語地說：「心中有魔，難成正果，可惜！可惜！」新和尚對待世事都持一種消極的心態，所以才不能安於現狀，一味報怨。而他的抱怨，也讓他失去了修成正果的機會。

牢騷也好，抱怨也罷，都是因為抱有的心態不對，看問題的角度不對，如果能夠以積極的心態，換個角度，相信人的心情會一下子好起來。事物在一個人心中的好壞，決定於此人的心態，而不是事物本身，正所謂「以我觀外物，外物皆著我色。」滿腹牢騷者，不妨轉換一下心情，讓樂觀主宰自己，心情肯定會好起來。

國畫家俞仲林擅長畫牡丹。有一次，某人慕名要了一幅他親手所繪的牡丹，回去以後，高興地掛在客廳裡。

此人的一位朋友看到了，大呼不吉利，因為這朵牡丹沒有畫完全，缺了一部分，而牡丹代表富貴，缺了一角，豈不是「富貴不全」嗎？

此人一看也大為吃驚，認為牡丹缺了一邊總是不妥，拿回去預備請俞仲林重畫一幅。俞仲林聽了他的理由，靈機一動，告訴買主，既然牡丹代表富貴，那麼缺一邊，不就是富貴無邊嗎？

那人聽了他的解釋，覺得有理，高高興興地捧著畫回去了。

同一幅畫，因為心態不同，便產生了不同的看法。所以，凡事都應持一種積極的心態，往好處想，不是看什麼都不順眼，這樣就會少些煩惱、苦痛、牢騷，多些歡樂、平安。

「牢騷太盛防腸斷，風物長宜放眼量。」現實就是如此，我們必須坦然面對，不能只知發牢騷，如果在牢騷中錯過了人生正點的班車，那又將會在抱怨中錯過下一次坐正點班車的機會。

正如泰戈爾所說：「如果錯過了太陽時你流了淚，那麼你也要錯過群星了。」

8・大自然中盡情放縱自己

耶穌說：「人不能只靠麵包過活，你的心靈需要比麵包更有營養的東西。」我們有多久沒有唱歌，沒有到大自然中走一走，沒有讀詩？是啊，面對有著極大工作壓力、繁重的生活負擔的生存現狀的現代人來說，我們有多久沒有關照過我們日益憔悴的心靈了？

其實，每天忙忙碌碌工作的人，並不見得就不能灑脫。關鍵是要在忙中求閑，苦中作樂，緊張中求輕鬆。只要我們學會享受生活，學會體驗生活的快樂，世間一切皆美好。

或許，在某一個夏日的午後，我們一覺醒來突然發現，由鋼筋水泥簇擁而起的高樓將狹長的影子傾覆在熙熙攘攘的街道上，空中縱橫的電線密如蛛網，偶爾棲落的幾隻可愛的小麻雀，遠遠望去，如活蹦亂跳的音符，透過喧囂，竟給人以一種恬淡澈明的美妙。

在這樣一個美麗的午後，我們何不走出去，帶著自己的心靈一起散步，帶著自己的心靈一起看看天呢？

是的，抬頭看看天吧，朋友，看看蒼穹雲捲雲舒，我們會發現，我們的心靈從來沒有這麼愜意過！看看頭頂上的那片天，浮雲逍遙地飄在廣闊的蒼穹，似奔馬，似群羊、似高山、似遊絲。好白的雲，好美的雲，就在我們的頭頂上，悄然無聲地上演著一幕幕精彩絕倫的劇碼。

我們肯定會慨歎：生活中原來有這麼美的天空，生活中原來有這麼美的雲彩！可是，為什麼我們的步履總是那麼匆匆，我們的鞋子總是蒙著一層細土，我們的履底無緣閱讀潔白美麗的雲朵？我們的心遺忘在何處了？我們的眼睛在追逐著什麼？我們為什麼從來沒有發現頭頂上這片可供心靈散步的青天？

仔細閱讀頭頂上的這片天吧，我們的答案就在其中，天上的雲彩，最能明白我們水一般的心境！

朋友，你相信嗎？在這個喧囂的世界裡，有許多事情真的並不比抬頭看天更重要。如果你我有緣相聚在心靈的天空，就請和我站到一起，讓我指給你看吧——你我心靈的天空上，開著那麼多上帝來不及採摘的花朵。

傳說古代有個大力神，他的力量來自大地，一旦他的雙腳離開了大地，他便會失去力量，輕而易舉地被打敗。我們也一樣，人本身屬於大自然，大自然能給人一種靈性，讓人感到親近和放鬆，一旦長時間「心在樊籠裡，不得返自然」，就會讓人產生空虛與寂寞的感覺。

長期生活在都市中，缺少與自然親近的機會。不妨抽時間到外面走走，張開雙臂，投入大自然的懷抱。大自然如同一位慈祥的母親，她會靜靜地聽我們訴說生活的煩惱，安慰我們那受傷的心靈。置身大自然中，走在綠樹成蔭的山間小路上，望著那大自然造就的奇石怪狀，聽著叮咚的泉水聲，以及那清脆的鳥鳴聲，讓人感到如同置身世外桃源，心中的種種不快，也隨著那繚繞的雲霧慢慢散去。漫步海濱，一望無垠的大海，波濤洶湧的海面，讓人頓生幾分豪氣。通過旅遊，既可以領略祖國的秀美山川，又可以遍訪歷史的足跡，緬懷古人，從而既放鬆了心情，又讓自己的心靈受到洗禮。

大自然的魅力在於它巨大的生命力。越是原始的地方，我們越是感覺到生命力的強大。大自然的神奇，可以讓人真切體會到生命的渺小和珍貴；大自然的美麗，可以讓人體會到人生的美好。所以，生活中當我們感到煩悶時，不妨背起行囊，一個人獨自去遊山玩水，到大自然中放逐自己。

羅素曾經說過：「我們的生命是大地生命的一部分，就像所有動植物一樣，我們也從大地上吸取營養。」置身大自然，漫步山水間，任我心自由自在地馳騁，讓人在物我兩忘的意境中，將天地萬物置於空靈之中。這是何等的快意、何等無拘無束的心境啊！

9．做人做事都要存平常心

做人要存一片素心。這種素心是一種平常心。無論身處何地，都保持平淡。

明朝末年，國家衰敗，很多地方都困苦不堪，陝北農民尤其困苦，遭受到了嚴重的災荒，而官府卻不顧百姓的死活催逼交糧納賦。最後走投無路的農民忍無可忍，紛紛舉行起義。此時李自成也揭竿而起，率領自己的軍隊去投奔「闖王」高迎祥。由於李自成有勇有謀，屢建戰功，受到了高迎祥的器重。

沒過幾年，高迎祥被殺，李自成被部將擁戴為「闖王」。前期起義軍到處碰壁，在潼關更是遭到官軍伏擊，損失慘重。李自成僅帶領十八騎突圍，在商洛山的崇山峻嶺之中藏身。過了幾年，他重新積蓄了力量，率領軍隊進入河南。當時河南大旱，天災連連，李自成便順應民心地提出了「均田免糧」的口號，得到了農民的支持。當時有首歌謠是這樣唱的：「吃他娘，穿他娘，吃著不盡有闖王，不當差，不納糧。殺牛羊，備酒漿，開了城門迎闖王，闖王來時不納糧。」

可見當時李自成的政策是多麼受歡迎。很快李自成的部隊就發展壯大起來，達到了百萬之眾，一躍成為明末起義軍的主力。後來李自成在襄陽建立了政權，被稱為新順王。不久在汝州大敗官軍，乘勝進佔西安。然後李自成又建立了大順政權。實力壯大的他立即率軍攻入北京，明朝的最後一個皇帝崇禎最後只得自縊身亡，明朝被徹底推翻。

到了北京以後，李自成變成十分驕傲自滿，失去了應有的警惕。他對將領和士兵姦淫擄掠的事情十分放縱，自己也坐在龍椅上起不來。出於一種天然的仇恨，農民軍勒令明朝舊官員將自己的家產作為起義軍的軍餉，李自成的大將劉宗敏主持這件事情。

正是這個劉宗敏在向吳三桂父親吳襄追討家產時，發現吳三桂最寵愛的小妾歌女陳圓圓十分貌美，便強行搶來據為己有。但他沒有想到，吳三桂當時是明朝的總兵，正在率領明軍駐紮在山海關一線，此時農民軍要想站穩腳跟，必須依仗吳三桂的力量。

吳三桂在當時本來還有投降李自成的打算，後來聽說自己的父親被抓，家產也被抄奪，甚至連自己的寵姬也保護不了，於是十分憤怒，命令手下的將領全部換上白衣白甲，為思宗皇帝朱由檢戴孝，同時還和清王朝的攝政王多爾袞接洽，請求清軍給予支援。後來在山海關，農民軍慘遭失敗，李自成只好退出北京，四處轉戰，最後死在地主武裝手中。

李自成的失敗也可以歸咎於他無法保持一顆平常心。李自成當初進入河南時能夠提出「均田免糧」的口號，深受老百姓歡迎，而且他能夠約束下屬，制止他們四處搶掠，這也使得李自成深得民心。但是進入北京以後，李自成認為江山穩固，可以安穩坐天下了，便放鬆了對自己和將士的要求。他驕傲了，認為可以君臨天下，原明朝的將領應該向他投降，畢竟他已經佔領了都城。他也確實派人去向吳三桂等人招降，然而在招降的過程中，他又放縱將士在北京城肆意妄為，最後傷了吳三桂的父親，奪了吳三桂的愛妾，為自己留下敗筆。

人一定要有一顆平常心，一旦驕傲，災禍就會降臨。有人認為謙虛的人往往是弱者，這大錯特錯。人必須學會謙虛。往往不會謙虛的人才是弱者，而強者一般都是非常謙虛的。

10・莫委屈自己去取悅別人

有一個人用多年的積蓄在馬路旁邊建了一座房子。房子蓋好以後，他還有一些結餘，準備拿來做點小買賣。結果三天後，有一個老漢經過這個房子，然後嘟囔著說了句「好難看」。這話傳到這個人耳朵裡，他立即拉住那個老漢。問「哪裡難看」。老漢說房子應該朝東才對，這樣每天早上都可以看到太陽升起，而且也不會受到馬路上車輛的影響。

這個人一想確實如此，於是立即讓人將房子推倒，重新蓋了一間朝東的房子。房子蓋好沒三天，又有一個人經過時嘟囔了一句「沒品位」。這人一聽連忙問「哪裡沒品位」。那個人說你的房子應該朝西才對，你想落日多美，滿天彩霞，一點欣賞眼光也沒有。

這人一想，確實也有道理，於是就把房子改成朝西。沒想到改後他受到的責難更多，最後房子改朝南，後來又改朝北。這樣改來改去，把積蓄都用光了，房子還沒有建好。

做一件事情，不可能讓所有人都滿意。每一個人都有自己的觀點和主張，如果試圖讓所有的人都滿意的話，那麼什麼事情都做不成。

一個人的成就標準不是說要讓所有人滿意，而應該認為自己確實已經盡力了。人不能喪失自我去迎合他人。沒有人能讓所有人滿意，況且，人也不是活在別人的眼光裡的。

為了取悅別人，明明不喜歡做的事情、不喜歡說的話，卻要委屈自己去說去做。不好意思拒絕，不好意思批評，不敢表達自己與對方相左的意見。取悅別人真的比取悅自己重要嗎？也許是吧，畢竟人不是以單獨的個體生存在這世上，現在這個社會需要我們取悅別人，以達到和平共處互惠互利。可委屈了自己，顧及了別人的感受，誰來顧及我們呢？

第7章

天天輕鬆，幸福是一種感覺

坐看風雲起起伏伏，坐擁幸福長長久久。平淡的日子就隨它平淡地過，何必成為那欲望的俘虜。流水般的日子就讓它流水般地走，何不把握這眼前的幸福……其實，幸福只是一種感覺，信則有，不信則無。

1・幸福只是一種感覺

英國哲學家羅素說：「幸福的生活在很大程度上，必是一種寧靜安逸的生活，因為只有在寧靜的氣氛中，真正的快樂幸福才能得以存在。」

試問，一個人儘管在外面獲得安全，而他的心境常是憂懼恐慌的，其幸福又有幾分呢？

杜威認為幸福只在於行為的不斷成功，而不是道德行為所追求的最終目的。弗洛姆也有類似的看法，他認為幸福是一個人創造性心靈所帶來的結果，是個人在思想上、情感上以及行為上的一切創造性活動所帶來的喜悅。亞里斯多德又認為能用理智來指導生活，就是最高的幸福。他認為，神的活動，那就是最高的幸福，也許只能是思辨活動，而與此同類的人的活動，也就是最大的幸福。盧梭也有類似的看法，認為狂熱和激情都是短暫的，只是生命長河中的幾個點，不能構成一種境界，幸福是一種境界。愛因斯坦認為，一種實際工作的職業就是一種最大的幸福。池田大作則說，能夠遇上給自己帶來最大啟發的人，就是人生最大的幸福。

幸福是不讓交通、雨水、炎熱、寒冷以及不得不排隊等候等情況影響我們的心情。幸福是做我們喜歡的事，是喜歡我們所做的事，是生活中有很多希望，是永遠祝福別人。幸福首先是個人的決定。每個清晨，當我們醒來的時候，我們都有機會選擇讓自己幸福還是不幸福地度過難忘的一天，或者只是又過一天而已。

幸福是一種態度。不管是我們面對一項全新的事業，還是面對生活中出現的任何一種新的情況，人生道路上的每一個境遇都給了我們一個積極應對或消極應對的機會。正是我們選擇的應對方式，決定了在事情結束後我們所感受到的幸福和不幸福的程度。

幸福是一種自我感受，一種心理狀態，幸福是無形的。儘管勞動成果、藝術享受、愛情、婚姻、家庭、愛好、修養、經歷、境遇等都能給人帶來幸福感受，但沒有一種相應的尺度可以衡量幸福。

「物質幸福」是存在的，所以我們在努力建設「物質文明」。但是，純粹物質享樂並不等於幸福，物質的多少並不一定帶來相應的幸福的大小。金錢是存在的需要，金錢可以買得來刺激，甚而買得來「快樂」，但不一定買得來幸福。有錢難使精神貧乏不幸福的人推動幸福的磨盤。一切的喧囂浮華至多是表面的快樂而不是真正的幸福。

重要的是，幸福是尋求和體驗生活中的平衡。幸福是對生活的方方面面都有一個目標，並保證自己每天都朝著實現這個目標的方向前進。幸福是擁有個人和家庭目標，並讓這些目標成為一項行動計畫的一部分，努力使我們的生活保持平衡。

幸福更多的時候是一種心境，追求幸福，包含著人們對美好生活的企盼，更寄託著人們對人生境界的追求。不同的人有不同的志向和理想，體現了不同的信念追求和價值取向。「人活著是要有一點精神的」。人生的價值並不在於獲取了多少、享受了多少，更多的時候在於為社會做了多少貢獻、給他人帶來多少福祉。因為只有這樣，人類才能繁衍生息，社會才得以不斷進步。否則，人人都去索取，都去為了個人的幸福而不顧他人的感受、甚至不擇手段，人類社會就會滅亡。因此，那些為人民謀利益、謀幸福的人，本身也是最灑脫、最幸福的人。

幸福不是給別人看的，與別人怎樣說無關，重要的是自己心中充滿快樂的陽光，也就是說，幸福掌握在自己手中，而不是在別人眼中。幸福是一種感覺，這種感覺應該是愉快的，使人心情舒暢、甜蜜快樂。

2．幸福也是一種態度

早晨睜眼看到美麗的朝陽，鼻子嗅到清新的空氣。感受到早晨的美好，那麼我們是幸福的。在公司裡出色完成任務，受到老闆表揚，贏得同事們的尊重，那麼我們是幸福的。下班回家，看到桌子上可口的飯菜和孩子優秀的成績單，那麼我們是幸福的。晚飯後陪同老婆和可愛的孩子在公園中散步，享受天倫之樂，那麼我們是幸福的。生活中令我們幸福的事很多，只要我們細心觀察，用心體味，就會發現有許多樂趣包含其中。我們也許會說這些小事何以成為人人渴望的幸福。難道幸福一定是雍容華貴、驚天動地嗎？名作家畢淑敏的《提醒幸福》中有這樣一段話，「幸福絕大多數是樸素的，它不會像信號彈似的，在很高的天空閃爍紅色的光芒。它披著本色的外衣，親切溫暖地包裹起我們」。

幸福出現的頻率並不像我們想像的那樣少。人們常常只是在幸福的馬車已經駛過去很遠時，揀起地上的金羊毛說，原來我見過它。幸福是時刻存在的，只要用心品味，會發現它離我們並不遠。

當一個小女孩得到她盼望已久的洋娃娃時，這是幸福。當一位學生學習成績十分優秀常受到人們的讚揚時，這是幸福。當一位白領工作一帆風順時，這是幸福。當一位已婚婦女有了愛她的丈夫和聽話的孩子時，這也是幸福。幸福的方式太多了，不勝枚舉。

不同的人有著不同的幸福。對於那些容易滿足的人來說得到幸福時刻便多些。對於那些有大的期盼的人來說總覺得自己不夠幸福或者幸福根本就沒有降臨到他（她）的身上。其實幸福是個很簡單的東西，準確地把握瞬間來到我們身邊的暖流，這些就是幸福。幸福是蜜糖，最好甜淡適中，這樣才能恰到好處。而且只有心中認為有幸福的存在才會使自己幸福。

常聽身邊的人抱怨命運的不公，生活的平淡；幸福對我們來說，似乎是一種太奢侈的東西，如同海市蜃樓一般，可望而不可及。直到有一天，讀到享譽全球的大教育家蘇霍姆林斯基的這樣一個故事：曾在一個春天，他和他的學生們共同買了一條小木船，然後划到一個荒無人煙的小島上去探險。教育家寫道：「可能有人會想，作者想借這些事例來炫耀自己特別關心孩子。不對，買船是出於我想給孩子們帶來快樂，對於我就是最大的幸福。」其實幸福很簡單，也離我們很近。

幸福實際上就存在於我們生活的細微處。如一杯溫熱的茶，置於我們面前的桌上，或者平淡，或者濃烈，也或者居於兩者之間。關鍵是品嘗者的心境。一飲而盡者，肯定嘗不出個中滋味。如果坐下來細品，其中的苦與甜便從我們的感覺中充分流露出來。

發現幸福，才能感覺幸福；感覺幸福，才能把握幸福；把握幸福，生活才有滋有味。生活有滋味，我們才能真正獲得幸福。幸福，其實真的很簡單。人們渴望幸福，卻往往在幸福之中感受不到幸福，發現不了幸福，更把握不住幸福。「把握」似於「享受」，如果我們把握住幸福，自然就能享受到幸福。

幸福是一種態度，不是一種狀態。是在清洗百葉窗時聆聽一曲詠歎調，或愉快地花一小時清理壁櫥。它出現在某一時刻，不是在「有一天……」的遙遠諾言中。

我們如果愛上我們現在所有的日子，我們會幸福得多，而且會得到更多的幸福和快樂。幸福快樂是一種選擇。它一出現就要伸手一取，它就像在蔚藍天空中飄向海洋的氣球一樣。

3．生活總是不完美的

每個人都會有這樣那樣的缺憾，真正完美的人在生活中是不存在的，即使是中國古代的四大美女，也有各自的不足之處。歷史記載，西施的腳大，王昭君雙肩仄削，貂蟬的耳垂太小，楊貴妃還患有狐臭呢。道理雖然淺顯，可當我們真正面對自己的缺陷、生活中不盡如人意之處時，卻又總感到懊惱、煩躁。

其實，完美的標準是相對而言的，因人的審美觀不同而不同，今天以肥為美，明天就可能以瘦為美。古人以腳小為美，如果今天有「三寸金蓮」走在大街上，那不讓路人笑掉大門牙才怪！

追求完美沒有錯，可怕的是求而不得後的自卑與墮落。即使缺陷再大的人也有其閃光點，正如再完美的人也有缺陷一樣。能夠充分發揮自己的長處，照樣可以贏得精彩人生。正如清朝詩人顧嗣協所說：「駿馬能歷險，犁田不如牛；堅車能載重，渡河不如舟。捨長以就短，智者難為謀；生材貴適用，慎勿多苛求。」

每個人都在經歷著人生，每個人都想得到幸福。當人們得到幸福之後，都希望長久地佔有它，希望一生都能在幸福中度過。這是一種美好的願望。幸福人人有份，但幸福不是一成不變的佔有物。

盧梭在《愛彌爾》中這樣說道：「所有一切屬於人的東西，都是要衰老的；在人生中，一切都是要完結的，一切都是暫時的。我們將因對它享受慣了，而領略不到它們的趣味了。如果外界的事物一點都不改變，我們的心就會變；不是幸福離開我們，就是我們離開幸福。」

正如好景不長在，好花不長開，幸福往往是很難持續終生的。莫洛亞寫過一本很有名的小冊子，叫做《人生五大問題》，其中有一篇文章叫《論幸福》，莫洛亞認為永久不變的境界是沒有的、不可思議的，在他看來構成幸福的因素是脆弱的，任何事物都有終止的時候，幸福不可能永存不變。幸福是人的一種感受，一種心理狀態，是人對自己生活中美好事物的一種心理體驗。僅就此而言，幸福就不可能是一成不變的。

幸福無處不在，幸福近在咫尺，幸福又遠在天涯。

人們往往會步入一種迷思中：擁有了往往感覺不到幸福，總是這山望著那山高，不知滿足；而一旦失去了，才倍感昔日擁有之珍貴，用一個個「假如」想找回自己不曾珍惜的幸福。與其等到失去了再去悔恨，不如好好地珍惜現在的擁有。擁有，即便不夠完美，也是幸福。

4・無私的人是幸福的

有人說幸福就是需要什麼就能得到什麼。比如說，一個人需要吃飯、需要睡覺、需要上網、需要榮譽、需要親情、需要愛情。如果都能實現，那麼，這個人是幸福的。那麼，什麼是需要呢？需要就是一個人渴望解決自身內在問題的一種情感。一個人的內在問題自己是無法迴避的，不解決是很難受的。

如果我們把幸福僅僅理解為滿足個人需要，滿足個人內在問題的解決，那麼這種幸福就是一種自私的幸福。滿足個人需要、個人內在問題的解決是人的本能。只要個人需要、個人內在問題的解決不與社會需要、社會問題的解決相對立，那麼這種個人需要、個人內在問題的解決就是合理的，就是應該受到尊重的。

任何事情都有一個度，幸福也不例外。人們不僅僅追求幸福，而且希望得到極大的幸福。對於一件事，不同的人會得到不同程度的幸福。如吃米飯，有錢人在這件事上不會感到明顯的幸福，甚至可以忽略不計；窮人在這件事上會有一定的幸福感；而那些經常沒飯吃的人會得到極大的幸福感；而對某些喜歡吃麵食的人而言，不但不會有幸福感，而且還會感到一絲痛苦。所以，幸福並不是外界的給予所決定的，外界的給予只能給幸福創造條件，幸福來自需要幸福的主體的內在感受。

人的需要也有一個度的問題。比如說，煙，不同的人對它的需要是不同的。有的人根本就不需要，有的人有那麼一點需要，有的人有強烈的需要。根本就不需要的人，並不是說他永遠不對煙產生需要。也許有那麼一天，他一時興起，抽它幾根。也許自那以後，就會偶爾產生煙癮。如不提高警惕，就可能成為煙鬼。幸福因需要而產生，需要是可以培養的，幸福感會因需要的增強而增強。

有些幸福是短暫的，如吸煙、吸毒，會因此時的幸福而導致彼時的不幸。現在的孩子大多是獨生子女，父母往往對他們百依百順，他們的童年無疑是幸福的。然而，他們最終將要走向社會，社會的複雜與無情，會使他們感到與父母在一起時大不一樣，會感到無所適從。有些明智的父母，從小會給孩子進行適當的教育，這是對孩子幸福的可持續負責。

幸福的可持續發展需要我們通過自身的努力而獲得。

5・幸福就是把握現在

從前，有一座圓音寺，香火很旺。在圓音寺廟前的橫樑上有個蜘蛛結了張網，由於每天都受到香火和虔誠的祭拜的薰染，蜘蛛便有了佛性。

忽然有一天，佛祖光臨了圓音寺，看見這裡香火甚旺，十分高興。離開寺廟的時候，不經易間地抬頭，看見了橫樑上的蜘蛛。佛祖停下來，問這隻蜘蛛：「你我相見總算是有緣，我來問你個問題，看你修煉了這一千多年，有什麼真知灼見。怎麼樣？」蜘蛛遇見佛祖很是高興，連忙應答。佛祖問道：「世間什麼才是最珍貴的？」蜘蛛想了想，回答道：「世間最珍貴的是『得不到』和『已失去』。」佛祖點了點頭，離開了。

又過了一千年的光景，蜘蛛依舊在圓音寺的橫樑上修煉，牠的佛性大增。一日，佛祖又來到寺前，對蜘蛛說道：「你可還好，一千年前的那個問題，你可有什麼更深的認識嗎？」蜘蛛說：「我覺得世間最珍貴的是『得不到』和『已失去』。」佛祖說：「你再好好想想，我會再來找你的。」

又過了一千年，有一天，刮起了大風，風將一滴甘露吹到了蜘蛛網上。蜘蛛望著甘露，見它晶瑩透亮，很漂亮，頓生喜愛之意。蜘蛛每天看著甘露很開心，牠覺得這是三千年來最開心的幾天。突然，又刮起了一陣大風，將甘露吹走了。蜘蛛一下子覺得失去了什麼，感到很寂寞和難過。這時佛祖又來了，問蜘蛛：「蜘蛛這一千年，你可好好想過這個問題：世間什麼才是最珍貴的？」蜘蛛想到了甘露，對佛祖說：「世間最珍貴的是『得不到』和『已失去』。」佛祖說：「好，既然你有這樣的認識，我讓你到人間走一遭吧。」

就這樣，蜘蛛投胎到了一個官宦家庭，成了一個富家小姐，父母為她取了個名字叫蛛兒。一晃，蛛兒到了16歲了，已經成了個婀娜多姿的少女，長得十分漂亮，楚楚動人。這一日，新科狀元郎甘鹿中試，皇帝決定在後花園為他舉行慶功宴。席間來了許多妙齡少女，包括蛛兒，還有皇帝的小公主長風公主。狀元郎在席間表演詩詞歌賦，大獻才藝，在場的少女無一不被他傾倒。但蛛兒一點也不緊張和吃醋，因為她知道，這是佛祖賜予她的姻緣。

過了些日子，說來很巧，蛛兒陪同母親上香拜佛的時候，正好甘鹿也陪同母親而來。上完香拜過佛，兩位長者在一邊說上了話。蛛兒和甘鹿便來到走廊上聊天，蛛兒很開心，終於可以和喜歡的人在一起了，但是甘鹿並沒有表現出對她的喜愛。蛛兒對甘鹿說：「你難道不曾記得16年前，圓音寺的蜘蛛網上的事情了嗎？」甘鹿很詫異，說：「蛛兒姑娘，你漂亮，也很討人喜歡，但你想像力未免豐富了一點吧。」說罷，和母親離開了。

蛛兒回到家，心想，佛祖既然安排了這場姻緣，為何不讓他記得那件事，甘鹿為何對我沒有一點的感覺？幾天後，皇帝下詔，命新科狀元甘鹿和長風公主完婚，蛛兒和太子芝草完婚。這一消息對蛛兒如同晴空霹靂，她怎麼也想不到，佛祖竟然這樣對她。幾日來，她不吃不喝，窮究急思，靈魂就將出殼，生命危在旦夕。太子芝草知道了，急忙趕來，撲倒在床邊，對奄奄一息的蛛兒說道：「那日，在後花園眾姑娘中，我對你一見鍾情，我苦求父皇，他才答應。如果你死了，那麼我也就不活了。」說著就拿起了寶劍準備自刎。

就在這時，佛祖來了，他對快要出殼的蛛兒靈魂說：「蜘蛛，你可曾想過，甘露（甘鹿）是由誰帶到你這裡來的呢？是風（長風公主）帶來的，最後也是風將它帶走的。甘鹿是屬於長風公主的，他對你不過是生命中的一段插曲。而太子芝草是當年圓音寺門前的一棵小草，他看了你三千年，愛慕了你三千年，但你卻從沒有低下頭看過它。蜘蛛，我再來問你，「世間什麼才是最珍貴的？」

蜘蛛聽了這些真相之後，好像一下子大澈大悟了，她對佛祖說：「世間最珍貴的不是『得不到』和『已失去』，而是現在能把握的幸福。」剛說完，佛祖就離開了，蛛兒的靈魂也回位了，睜開眼睛，看到正要自刎的太子芝草，她馬上打落寶劍，和太子緊緊地抱著……

故事結束了，你能領會蛛兒最後一刻所說的話嗎？「世間最珍貴的不是『得不到』和『已失去』，而是現在能把握的幸福。」幸福是什麼？幸福就在於把握現在，珍惜所有，堅信我們所擁有的就是最好的。

其實我們都很幸福，只是我們的眼光過高，看不到人生最簡單的幸福，每個人都有他們自己的幸福，只是我們未曾體會過。幸福原來很簡單，複雜的心把它過於複雜化，單純的心自會擁有一份最美最真的幸福。

6・擁有美德就是幸福

一位哲學家帶著他的一群學生去周遊世界。10年間，他們遊歷了很多的國家，拜訪了許多有學問的人，現在他們回來了，個個滿腹經綸。在進城之前，哲學家在郊外的一片草地上坐下來，對他的學生說：「10年遊歷，你們都已是飽學之士，現在學業就要結束了，我們上最後一課吧！」

弟子們圍著哲學家坐了下來，哲學家問：「現在我們坐在什麼地方？」弟子們答：「現在我們坐在曠野裡。」哲學家又問：「曠野裡長著什麼？」弟子們說：「曠野裡長滿雜草。」

哲學家說：「對，曠野裡長滿雜草，現在我想知道的是如何除掉這些雜草。」弟子們非常驚愕，他們都沒有想到，一直在探討人生奧妙的哲學家，最後一課問的竟是這麼簡單的一個問題。

一個弟子首先開口說：「老師，只要有鏟子就夠了。」哲學家點點頭。

另一個弟子接著說：「用火燒也是很好的一種辦法。」

哲學家微笑了一下，示意下一位。

第三個弟子說：「撒上石灰就會除掉所有的雜草。」

接著第四個弟子說：「斬草除根，只要把根挖出來就行了。」

等弟子們都講完了，哲學家站了起來，說：「課就上到這裡了。你們回去後，按照各自的方法除去一片雜草，一年後再來相聚。」

一年後，他們都來了，不過原來相聚的地方已不再是雜草叢生，它變成了一片長滿穀子的莊稼地。同樣，要想讓靈魂無紛擾，唯一的方法就是用美德去佔據它。

美德是一杯香茗，是一杯美酒，是一朵芳香四溢的鮮花。美德可以讓心靈擺脫痛苦。心靈被美德所佔據，煩惱、紛爭等便失去了生存的空間，欲望便會枯萎。快樂是美德所結出的碩果，擁有美德，便擁有快樂。

蘇東坡說：「吾上可陪玉皇大帝，下可陪卑田院乞兒。眼前見得天下無一個不是好人！」美德是心靈的潤滑劑，它讓人有一顆平常心，有一顆愛心。擁有了美德，我們便不會與人爭名奪利，憑空與人起紛爭；便不會為一絲小利而煩惱。美德本身就是報酬，它能給人們帶來最高尚而真實的快樂。在美德的磨刀石上，我們愛心的刀刃會更加鋒利。

7・享受過程就是幸福

一隻小貓聽說只要咬到自己的尾巴就會幸福，於是小貓拼命地咬自己的尾巴，但是怎樣也咬不到。於是他跑到貓媽咪那裡說：媽媽，我咬不到尾巴，我得不到幸福。貓媽咪對小貓說：「傻瓜，你不要管自己的尾巴，只管向前走就會找到幸福了。」於是小貓又高興地走開去玩耍了。

幸福是什麼？怎樣才能得到幸福？恐怕我們也像那隻小貓一樣迷茫。在追求幸福的路途中，往往迷失方向。追求幸福是每個人的權利，獲得幸福是人生的目的。但是幸福不是從天上掉下來的，把幸福寄託在命運的恩賜上，是絕對不可能獲得真正的幸福的。幸福是一種過程，正如梅特林克在《青鳥》害中所言，我們稱之為幸福的東西，絕不是某種東西，而是某種過程。真正的幸福並不在於目標是否達到，而在於為達到目標所進行的奮鬥。

幸福與快樂有關，又不完全等同於快樂。詞典上說，「感到幸福或滿意」即為快樂。感到幸福當然是快樂的，但感到滿意與快樂不一定會感到幸福。幸福是一種更高、也更深刻的人生境界。

幸福是一種理想的實現，更是一種對理想的追求。追求即幸福。德國學者萊辛說，幸福存在於追求理想的過程中，追求理想比實現理想更有意義。追求崇高的理想，就有了崇高的人生境界，就有了高品位的幸福人生。儘管我們不一定每個人都能實現人生理想，但追求過、奮鬥過、拼搏過就是幸福。

在大學畢業之際，一位老師給學生的畢業贈言是「奮鬥比成功更具幸福」。為理想和事業而奮鬥的過程使我們感到充實，充實的人生才是幸福的人生。幸福是一種「善」的品格，是一種愛心的奉獻，是一種關心他人勝過自己的人生大境界。

幸福是心靈的一種狀態，它伴隨著寬鬆歡愉的想法，幸福是我們內在的一種功能，要充分理解這一點，我們還要充分認識到內在的憂慮。它們是不同的實體，像人的兩隻耳朵，在日常生活中相互聯繫，相互制約。只要我們理解自己是誰，我們就能決定用哪一個功能為自己服務，因為我們能夠控制它們。我們既能養成憂慮的習慣，也能養成幸福的習慣。

8・活在當下就是幸福

有些人總覺得自己不幸福，這是因為他們不懂得在幸福的時候享受幸福，更不懂得在苦難的時候回味幸福。幸福是一種心靈的感覺。

既然幸福是人生中最美好的時刻，那麼，我們怎樣來享受它呢？享受幸福就要快樂地享受生活。當幸福來臨的時候，我們要激情地享受每一分鐘，讓它像純淨的酒精一樣燃燒成淡藍色的火焰，不留一絲渣滓。當苦難來臨的時候，我們要經常回味以前幸福的時光，這樣我們的心情就會變得愉快，面對困境也就比較樂觀，從而能夠更好地迎接下一個幸福的到來。我們雖然不能夠讓自己的每天都充滿幸福，但只要我們更積極地把握幸福，我們就有可能擁有更多的幸福。

不要活在過去中或只是為了未來而活，而輕易地讓生命由指端滑落。重視現在、把握當下，每天都過著很充實的生活。當我們仍可以給予時，不要輕言放棄；在我們停止嘗試之前，沒有任何一件事情是已經結束的。不要害怕承認自己是不完美的；不要害怕面對風險，我們在嘗試中學會勇敢；不要說真愛難尋，而將愛排除在生活之外。

我們應該善加投資運用，以換取最大的健康、快樂與成功。時間總是不停地在運轉，我們可以努力讓每個今天都有最佳的收穫。記住別讓生命都用在等待之中。等20歲以後，等到大學畢業以後，等到結婚以後，等到買房子以後，等最小的孩子結婚之後，等把這筆生意談成之後，等到退休以後……

人人都很願意犧牲當下，去換取未知的等待；犧牲今生今世的辛苦錢，去購買後世的安逸。許多人認為，必須等到某個時間或某件事完成之後，再採取行動。

然而，生活總是一直在變動，環境總是不可預知。現實生活中，各種突發狀況總是層出不窮，我們永遠不知道下一秒鐘，會發生什麼事。剎那間，生命的巨輪傾覆，我們可能就因此闖進一片黑暗之中。

那麼我們要如何面對生命呢？我們無需等到生活完美無瑕，也無需等到一切都平穩時才做，想做什麼，現在就可以開始做起。

一個人永遠無法預料未來，所以，不要延遲想過的生活，不要吝於表達心中的話，因為，生命只在一瞬間。每個人的生命都有盡頭，許多人經常在生命即將結束時，才發現自己還有很多事情沒有做，有許多話來不及說，這實在是人生最大的遺憾。別讓自己徒留為時已晚的空餘恨。逝者不可追，來者猶未卜，最珍貴、最需要即時掌握的當下，往往在這兩者蹉跎間，轉眼即逝。這也道盡了人生如白駒過隙，轉眼即逝的惶恐。

有許多事，在我們還不懂得珍惜之前已成憾事，有許多人，在我們還來不及用心之前已成舊人。遺憾的事一再發生，不斷追悔早知道如何如何是沒有用的，「那時候」已經過去，我們追念的人也已走過了我們的生命。

不管我們是否察覺，生命都一直在前進。人生並未出售返程票，失去的便永遠不再回來。將希望寄予「等到空閒的時間才享受」，我們不知道失去了多少可能的幸福。不要再等待有一天「可以鬆口氣」或是「麻煩都過去了」，才去實現我們的目標或理想。

9．獲得幸福的小提議

我們如何在生活中獲得幸福呢？

1．**不抱怨生活**　幸福的人並不比其他人擁有更多的幸福，而是因為他們對待生活和困難的態度不同，他們不會在「生活為什麼對我如此不公平」的問題上作長時間的糾纏，而是努力去尋求解決問題的方法。

2．**不貪圖安逸**　幸福的人總是離開讓自己感到安逸的生活環境，幸福有時是離開了安逸生活才會積累出的感覺，從來不求改變的人自然缺乏豐富的生活經驗，也就難感受到幸福。

3．**感受友情**　廣交朋友並不一定帶來幸福感，而一段濃厚的友誼才能讓我們感到幸福，友誼所衍生的歸屬感和團結精神讓人感到被信任和充實，幸福的人幾乎都擁有團結人的天賦。

4．勤奮工作　專注於某一項活動能夠刺激人體內特有的一種荷爾蒙的分泌，它能讓人處於一種愉悅的狀態。工作能發掘人的潛能，讓人感到被需要，這給予人充實感。

5．降低負面影響　少接受些有關災難、謀殺或其他的負面消息，這樣，無形中就保持了對世界的一份美好樂觀的態度。

6．生活的理想　幸福的人總是不斷地為自己樹立一些目標，通常我們會重視短期目標而輕視長期目標，而長期目標的實現更能給我們帶來幸福感，我們可以把我們的目標寫下來，讓自己清楚地知道為什麼而活。

7．給自己動力　通常人們只有通過快樂和有趣的事情才能夠擁有輕鬆的心情，但是幸福的人能從恐懼和憤怒中獲得動力，他們不會因為困難而感到沮喪。

8．規律的生活　幸福的人從不把生活弄得一團糟，至少在思想上是條理清晰的，這有助於保持輕鬆的生活態度，他們會將一切收拾得有條不紊，整齊而有序的生活讓人感到自信，也更容易感到滿足和快樂。

9．珍惜時間　幸福的人很少體會到被時間牽著鼻子走的感覺。另外，專注還能使身體提高預防疾病的能力，因為，每30分鐘大腦會有意識地花90秒蒐集資訊，感受外部環境，檢查呼吸系統的狀況以及身體各器官的活動。

10．心懷感激　抱怨的人把精力全部集中在對生活的不滿之處，而幸福的人把注意力集中在能令他們開心的事情上，所以，他們更多地感受到生活中美好的一面，因為對生活的這份感激，所以他們才感到幸福。

怎樣才算是幸福？其實幸福沒有絕對的答案，關鍵在於我們的生活態度。善於抓住幸福的人才懂得什麼是幸福。一直以為感受幸福是件很困難的事，那是一種燈火闌珊處的境界。經過歲月的流年以後，才明白，幸福其實很簡單，只要心靈有所滿足、有所慰藉就是幸福。

第8章

多點寬容，心就多一點空間

寬容是一種博大精深的境界和意境，是人的涵養，它是處世的經驗，待人的藝術，為人的胸懷；它能包容人世間的喜怒哀樂，使人生躍上新的臺階：與別人為善，就是與自己為善，與別人過不去就是與自己過不去，只有寬容地看待人生和體諒他人時，我們才可以獲取一個放鬆、自在的人生，才能生活在歡樂與友愛之中。

1．理解寬容，才能獲得更多

世界上最寬闊的東西是海洋，比海洋更寬闊的是天空，比天空更寬闊的是人的胸懷。心胸寬闊的人往往能夠得道多助，終成偉業。

拿破崙在長期的軍旅生涯中養成寬容他人的美德。作為全軍統帥，批評士兵的事經常發生，但每次他都不是盛氣凌人，他能很好地照顧士兵的情緒。士兵往往對他的批評都會欣然接受，而且充滿了對他的熱愛與感激之情，這大大增強了他的軍隊的戰鬥力和凝聚力，成為歐洲大陸一支勁旅。

在征服義大利的一次戰鬥中，士兵們都很辛苦。拿破崙夜間巡崗查哨。在巡崗過程中，他發現一名巡崗士兵倚著大樹睡著了。他沒有喊醒士兵，而是拿起槍替他站起了崗，大約過了半個小時，哨兵從沉睡中醒來，他認出了自己的最高統帥，十分惶恐。

拿破崙卻不惱怒，他和藹地對他說：「朋友，這是你的槍，你們艱苦作戰，又走了那麼長的路，你打瞌睡是可以諒解和寬容的，但是目前，一時的疏忽就可能斷送全軍。我正好不睏，就替你站了一會兒，下次一定小心。」

拿破崙沒有破口大罵，沒有大聲訓斥，沒有擺出統帥的架子，而是語重心長、和風細雨地批評士兵的錯誤。有這樣大度的統帥，士兵怎能不英勇作戰呢？如果拿破崙不寬容士兵，那後果只能是增加士兵的不滿情緒，喪失了他在士兵中的威信，削弱了軍隊的戰鬥力。

只要理解了寬容的意義，我們會收穫很多東西。

1．寬容意味著不再心存疑慮

穿梭於茫茫人海中，面對一個小小的過失，常常一個淡淡的微笑、一句輕輕的道歉，帶來諒解，這是寬容；在人的一生中，常常因一件小事、一句不注意的話，被人不理解或不信任，但不苛求任何人，以律人之心律己，以恕己之心恕人，這也是寬容。

在日常生活中，當沒有緣分的「對手」出於內心的醜惡，在我們背後說壞話做錯事時，此時我們想伺機報復還是寬容？當我們親密無間的朋友，無意或有意地做了令我們傷心的事情，此時我們想從此分手還是寬容？

冷靜地想一想，還是寬容為上。這樣於人於己都有好處。

有人說寬容是軟弱的象徵，其實不然，有軟弱之嫌的寬容根本稱不上真正的寬容。寬容是人生難得的佳境——一種需要操練、需要修行才能達到的境界。

心理學家指出：適度的寬容，對於改善人際關係和身心健康都是有益的。這種寬容，指的是對於子女或別人在生活、工作、學習中的過失、過錯採取適當的「羞辱政策」，有效地防止事態擴大而加劇矛盾，避免產生嚴重後果。

大量事實證明，不會寬容別人，亦會殃及自身。過於苛求別人或苛求自己的人，必定處於緊張的心理狀態之中。由於內心的矛盾衝突或情緒危機難以化解，極易導致肌體內分泌功能失調，諸如使兒茶酚胺類物質——腎上腺素、去甲腎上腺素過量分泌，引起體內一系列劣性生理化學改變，造成血壓升高、心跳加快、消化液分泌減少、胃腸功能紊亂等，並可伴有頭昏腦漲、失眠多夢、乏力倦怠、食欲不振、心煩意亂等症候。

緊張心理的刺激會影響內分泌功能，而內分泌功能的改變又會反過來增加人的緊張心理，形成惡性循環，貽害身心健康。有的過激者甚至失去理智而釀成禍端，造成嚴重後果。而一旦寬恕別人之後，心理上便會經過一次巨大的轉變和淨化過程，使人際關係出現新的轉機，諸多憂愁煩悶可得以避免或消除。

2・寬容意味著不拿別人的錯誤懲罰自己

氣憤和悲傷是追隨心胸狹窄者的影子。生氣的根源不外是異己的力量——人或事侵犯、傷害了自己（利益或自尊心等），一言以蔽之，認定別人做錯了，於是勃然作色，惡從膽邊生；咬牙切齒，怒從心頭起。凡此種種生理反應無非在懲罰自己，而且是為他人的錯誤！顯然不值。

寬容地對待我們的敵人、仇家、對手，在非原則的問題上，以大局為重，我們會得到退一步海闊天空的喜悅、化干戈為玉帛的喜悅、人與人之間相互理解的喜悅。要知道我們並非踽踽單行，在這個世界裡，我們各自走著自己的生命之路，紛紛攘攘，難免有碰撞，所以即使心地最和善的人也難免要傷別人的心，如果冤冤相報，非但撫平不了心中的創傷，而且只能將傷害者捆綁在無休止的爭吵中。

寬容是一種博大，它能包容人世間的喜怒哀樂；寬容是一種境界，它能使人躍上大方磊落的臺階。只有寬容，才能「癒合」不愉快的創傷；只有寬容，才能消除人為的緊張。

3．寬容意味著不再患得患失

寬容，首先包括對自己的寬容。只有對自己寬容的人，才有可能對別人也寬容。人的煩惱一半源於自己，即所謂畫地為牢，作繭自縛。

芸芸眾生，各有所長，各有所短。爭強好勝失去一定限度，往往受身外之物所累，失去做人的樂趣。只有承認自己某些方面不行，才能揚長避短，才能不讓嫉妒之火吞滅心中的智慧靈光。

寬容地對待自己，就是心平氣和地工作、生活。這種心境是充實自己的良好狀態。充實自己很重要，只有有準備的人，才能在機遇到來之時不留下失之交臂的遺憾。知所進退，澹泊人生是耐住寂寞的良方。轟轟烈烈固然是進取的寫照，但成大器者，絕非熱衷於功名利祿之輩。

如果一語齟齬，便遭打擊；一事唐突，便種下禍根；一個壞印象，便一輩子倒楣，這就說不上寬容。真正的寬容，應該是能容人之短，又能容人之長。對才能超過自己者，也不嫉妒，唯求「青出於藍而勝於藍」，熱心舉賢，甘做人梯，這種精神將為世人稱道。

寬容的過程也是「互補」的過程。別人有此過失，若能予以正視，並以適當的方法給予批評和幫助，便可避免大錯。自己有了過失，亦不必灰心喪氣，一蹶不振，同樣也應該寬容和接納自己，並努力從中吸取教訓，引以為戒，取人之長，補己之短，重新揚起工作和生活的風帆。

4．寬容意味著我們有良好的心理外殼

寬容，對人對己都可成為一種無需投資便能獲得的「精神補品」。學會寬容不僅有益於身心健康，且對贏得友誼、保持家庭和睦、婚姻美滿，乃至事業的成功都是必要的。因此，在日常生活中，無論對子女、對家人、對同事、對在生活中接觸到的每一個人……都要有一顆寬容的愛心。寬容，它往往折射出人處世的經驗，待人的藝術，良好的涵養。學會寬容，需要自己吸收多方面的「營養」，需要自己時常把視線集中在完善自身的精神結構和心理素質上。否則，一個缺乏現代文明陽光照射的貧兒，會被人們嗤之以鼻，不屑一顧。

當然，寬容絕不是無原則的寬大無邊，而是建立在自信、助人和有益於社會基礎上的適度寬大，必須遵循法制和道德規範。對於絕大多數可以教育好的人，宜採取寬恕和約束相結合的方法；而對那些蠻橫無理和屢教不改的人，則不應手軟。從這一意義上說「大事講原則，小事講風格」，乃是應取的態度。

2．懂得寬容，才能品味快樂

人生是一個多彩的舞臺，它不斷上演著形形色色的人情冷暖、世態炎涼，這時，不要忘記可化干戈為玉帛的「寬容」。寬容，是胸襟博大者為人處世的一種人生態度，藺相如的寬容換來了流芳百世的將相之和。雨果也說：「世界上最寬闊的是海洋，比海洋更廣闊的是天空，比天空更寬闊的是人的心靈。」

誰知道珍珠是怎樣煉成的？

當沙子放進蚌的殼內時，蚌便會覺得非常不舒服，但是又無力把沙子吐出去，這時蚌就會面臨兩個選擇，一是抱怨，讓自己的日子很不好過，另一個是想辦法把這粒沙子同化，使它跟自己和平共處。於是，蚌開始把它的精力和營養分一部分去把沙子包起來。

當沙子裹上蚌的外衣時，蚌就會覺得它是自己的一部分，不再是異物了。沙子裹上的蚌成分越多，蚌就會越把它當做自己，就越能心平氣和地和沙子相處。

其實，蚌是沒有大腦的，它是無脊椎動物，在演化的層次上很低，然而就是這樣一個沒有大腦的低等動物，卻知道要想辦法去適應一個自己無法改變的環境，把一個令自己不愉快的異己，轉變為自己的一部分，相比之下人的智慧有時真的應該感到汗顏。

正如沙礫進入蚌的體內一樣，人生總有些挫折以及不如意的事，這些事就像疾病一般，但要如何包容它，與它共存，使自己日子可以平靜安穩地過下去，恐怕是我們最需要學的一件事。

仔細想來，我們憑什麼一有挫折便怨天尤人，跟自己過不去呢？打牌時，拿到什麼牌不重要，如何把手中的牌打好才是最重要的。凡事固然要講求操之在己，但是在沒有主控權的事情上，是否也應該學習蚌，使自己的日子好過一些呢！

懂得寬容，才不會自私、虛偽、嫉妒，才會用宏大的氣魄去感受相逢一笑泯恩仇的快樂。智者總會用寬容這把慧劍斬斷冤冤相報的惡性循環。沒有寬容的世界，永遠也不會有幸福安康的地方，只有令人失望的地方。

3．感悟寬容，才能做到遺忘

美國伯奈特夫人曾經寫過一本《小公主》，裡面的主人公莎拉曾經是一個富家女，但她的爸爸突然死去，還破了產，只留下她這個10歲的小女孩。她的生活從天堂掉到地獄，每天都要幹髒活、累活，還要忍受別人的譏諷和嘲笑。但她依然很快樂，她接受了這個事實，並且幻想有一天幸福會降臨，從而忘記了痛苦和屈辱。當我們在面對這樣的環境的時候，我們是不是也應該這樣呢？

人們總是希望自己活得快樂一點，灑脫一點，可是身處塵世，放眼四周，卻常常會有人說自己並不快樂，被一種不可名狀的困惑和無奈纏繞著。我們為什麼不快樂呢，一個重要的原因就是我們沒有學會遺忘。

在我們的日常生活中，在我們的人生路途上，我們所欣賞到、所見到的不全是讓我們愉悅而開心的風景，我們還會遇到種種的挫折和不幸，有些甚至是致命的打擊，因此我們有必要學會遺忘。對於我們，遺忘是一種明智的解脫。一次不該有的邂逅，一場無益身心的遊戲，一次不成功的使人失魂落魄的戀愛，一場讓人丟失進取心的空虛幻想，這些都是我們應該從記憶的底片上所必須抹去的鏡頭。因為我們還在人生路途上行走，我們所追求的事業、目標在前方不遠處，我們遺忘是為了使自己更好地趕路，使我們走得更加輕鬆。

人們常常為了名利將自己弄得疲憊不堪，為此將他人對待自己的種種誤解銘記於心，將別人的輕視耿耿於懷。於是，本打算給自己營造一個輕鬆愉悅的天地，卻不料到頭來是給自己套上一個又一個精神枷鎖，心裡的那片藍天在不知不覺中抹上了灰色，伴隨著成長的足跡深植於心，在不經意中折磨摧殘著自己。這時我們真的需要一點遺忘的精神。憂心忡忡時不妨到大自然中去體會事物本來的神韻，淨化自己的心靈，化解自己的悲苦，遺忘我們應該遺忘的那些東西。

遺忘在某種程度上也是一種寬容的體現。作為一個普通人，也許我們並沒有獲得人生中所謂的輝煌，也許我們遭受了不應有的嘲諷和輕視，但不必為此而苦惱，我們完全可以瀟灑地把它們忘掉。因為，如果為這些煩事所憂，就永遠休想獲得人生的輝煌。每個人都需要有一個心靈的空間去反思自己，在這個空間裡，學會遺忘可以讓我們感受到自己的空間清澈了許多，讓瑣事像飄浮物一樣遠離我們而去，沉澱下來的是我們對生活智慧的領悟。

學會遺忘，這並不是一件容易的事，有許多想忘也忘不掉的悲傷、痛苦、恥辱，它們是那麼的刻骨銘心。我們要以一顆平常心去對待痛苦，既然已經發生了，就應該去接受它再忘掉它，不要為我們的生活添上許多不必要的煩惱。

4．拾起寬容，才能拋棄傲慢

在生活中，傲慢自負的人都會吃很多苦頭，如東漢的禰衡。

禰衡很有才華，但性情高傲，總是看不起別人。當時，許都是新建的京城，賢人達士從四面八方向這裡匯集。有人向禰衡說：「你何不去許都，同名人陳長文、司馬伯達結交呀？」禰衡說：「我怎麼能去同賣肉打酒的小夥計們混在一起呢？」又有人問他：「荀文若、越稚長將軍又怎麼樣呢？」禰衡說：「荀文若外貌長得還可以，讓他替人弔喪還行；越稚長嘛，肚子大，很能吃，可以讓他去監廚請客。」

禰衡和魯國公孔融及楊修比較友好，常常稱讚他們，但那稱讚卻也傲得可以：「大兒孔文舉，小兒楊祖德，其餘的都是庸碌之輩，不值一提。」禰衡稱孔融為大兒，其實他比孔融小了將近一半的年齡。

孔融很器重禰衡之才，除了上表向朝廷推薦之外，還多次在曹操面前誇獎他。於是曹操便很想見見禰衡，但禰衡自稱有狂疾，不但不肯去見曹操，反而說了許多難聽的話。曹操十分惱怒，但念他頗有才氣，又不願貿然殺他。但後來，禰衡屢次侮辱曹操以及他手下官員，最終被殺。

「虛懷若谷」意思是說，胸懷要像山谷一樣虛空。只有空，我們才能容得下東西，而自滿，除了自己之外，容不下任何東西。

有一個自以為是的暴發戶的人，去拜訪一位大師，請教修身養性的方法。

但是打從一開始，這人就滔滔不絕地說個沒完。大師在旁邊一句話也插不上，於是只好不斷地為他倒茶。只見杯中的水已經注滿了，可是大師仍然繼續倒水。

這人見狀，急忙說：「大師，杯子的水已經滿了，為什麼還要繼續呢？」

這時大師看著他，徐徐說道：「你就像這個杯子，被自我完全充滿了，若不先倒空自己，怎麼能悟道呢？」

生活之中，我們常常不自覺地變作一個注滿水的杯子，容不下其他的東西。因而，學會把自己的意念先放下來，以虛心的態度去傾聽和學習，我們會發現大師就在眼前。

5．放空心靈，讓它飛翔起來

在人來人往的世界裡，我們可曾擁有快樂自在？在你爭我奪的國度裡，我們是否依舊怡然自得？在塵世喧囂中，我們的心靈是否壓抑得太久了？

不要苦了自己的心靈，讓它飛翔吧，讓它同風箏一樣在自由的國度裡，想怎樣飛就怎樣飛吧！朋友，如果你願意，就請同我一起來這裡，放飛心靈的風箏吧。

這裡是一片澄碧的天空，你瞧，天空如此分明，白與藍協調地搭配成一片美麗的風景。近處是深藍色，很清純；遠處是淡藍色，很淡雅。美麗的雲朵很俏皮，一會兒靠近我們的風箏說悄悄話，一會兒又跑得遠遠的，把風箏拋在後面。

風箏放飛的是我們的心情。久居都市叢林壓抑的心情終於能在空中自由地勁舞，恣意享受著馳騁的快樂。感受著溫暖的風伴著漂亮的風箏扶搖上升，快樂就猶如七彩煙花在空中綻放，透明的心境也隨之在藍色的天空盡情閃爍。朋友，我們好愜意，不是嗎？

風箏放飛的是我們的夢想。在鋼筋混凝土築成的空間裡，我們被擱置已久的夢想，終於能同心情一塊兒上路了。讓它飛吧，自由自在地飛吧！腳踏茵茵青草，頭頂湛藍天空，夢想怎能不飛呢？

風箏放飛了我們的情感。在這樣風和日麗的日子，且讓我們把美麗的情愫系於風箏之上，讓它在廣闊深情的天空下洗禮得更加聖潔。

放飛一隻心靈的風箏，讓它在美麗的藍天下盡情飛翔，讓美麗的天空不再空蕩；放飛一隻心靈的風箏，讓它在湛藍的天空裡愉快歡唱，讓我們的世界不再孤寂；放飛一隻心靈的風箏，讓它在心靈的城堡裡快樂盡舞，讓我們的生活不再煩悶枯燥。

其實，簡單也是一種美，是一種樸實且散發著靈魂香味的美。所以，我們為什麼不讓心靈過一種簡單的生活呢？簡單不是粗陋，不是做作，而是一種真正的大澈大悟之後的昇華。

現代人的生活過得太複雜了，到處都充斥著金錢、功名、利欲的角逐，到處都充斥著新奇和時髦的事物。被這樣複雜的生活所牽扯，我們能不疲憊嗎？

梭羅有一句名言感人至深：「簡單點兒，再簡單點兒！奢侈與舒適的生活，實際上妨礙了人類的進步。」他發現，當他生活上的需要簡化到最低限度時，生活反而更加充實。因為他已經無須為了滿足那些不必要的欲望而使心神分散。

簡單地做人，簡單地生活，想想也沒什麼不好。金錢、功名、出人頭地、飛黃騰達，當然是一種人生。但能在燈紅酒綠、推杯換盞、斤斤計較、欲望和誘惑之外，不依附權勢，不貪求金錢，心靜如水，無怨無爭，擁有一份簡單的生活，不也是一種很愜意的人生嗎？

畢竟，我們用不著挖空心思去追逐名利，用不著留意別人看我們的眼神，沒有鎖鏈的心靈，快樂而自由，隨心所欲，該哭就哭，想笑就笑，雖不能活得出人頭地、風風光光，但這又有什麼關係呢？

生活未必都要轟轟烈烈，「雲霞青松作我伴，一壺濁酒青淡心」，這種意境不是也很清靜自然，像清澈的溪流一樣富有詩意嗎？生活在簡單中自有簡單的美好，這是生活在喧囂中的人所渴求不到的。

晉代的陶淵明似乎早已明瞭其中的真意，所以有詩云：結廬在人境，而無車馬喧。問君何能爾？心遠地自偏。山氣日夕佳，飛鳥相與還。採菊東籬下，悠然見南山。此中有真意，欲辯已忘言。

簡單的生活其實是很迷人的：窗外雲淡風輕，屋內香茶縈繞，一束插在牛奶瓶裡的漂亮水仙，穿透潔淨的耀眼陽光，美麗地開放著；在陽光燦爛的午後，我們終於又來到年輕時的山坡，放飛著童年時的風箏；落日的餘暉之中，靜靜地享受著夕陽下清心寡欲的快樂……

簡單就是美，而且是一種高品位的美。

6．放下重負，腳步自然輕快

安徒生有一則名為《老頭子總是不會錯》的童話故事：鄉村有一對清貧的老夫婦，有一天他們想把家中唯一值點錢的一匹馬拉到市場上去換點更有用的東西。老頭子牽著馬去趕集了，他先與人換得一頭母牛，又用母牛去換了一隻羊，再用羊換來一隻肥鵝，又把鵝換了母雞，最後用母雞換了別人的一袋爛蘋果。在每次交換中，他都想給老伴一個驚喜。

當他扛著大袋子來到一家小酒店歇息時，遇上兩個英國人。閒聊中他談了自己趕集的經過，兩個英國人聽後哈哈大笑，說他回去一定得挨老婆子一頓揍。老頭子堅稱絕對不會，英國人就用一袋金幣打賭，三個人於是一起來到老頭子家中。

老太婆見老頭子回來了，非常高興，她興奮地聽著老頭子講趕集的經過。每聽老頭子講到用一種東西換了另一種東西時，她都充滿了對老頭子的欽佩。她嘴裡不時地說著：「哦，我們有牛奶了！」「羊奶也同樣好喝。」「哦，鵝毛多漂亮！」

「哦，我們有雞蛋吃了！」

最後聽到老頭子背回一袋已經開始腐爛的蘋果時，她同樣不慍不惱，高興地說：「那我們今晚就可以吃到蘋果派了！」

結果，英國人輸掉了一袋金幣。

從這個故事中我們可以領悟到：不要為失去的一匹馬而惋惜或埋怨生活，既然有一袋爛蘋果，就做一些蘋果派好了，這樣生活才能妙趣橫生、美滿幸福。隨遇而安是快樂生活的必備良藥。

我們的心靈有著太多的負重，事實上，生命有得到，就會有失去，這是再正常不過的事情了。然而，倘若我們緊緊抓住失去不放，得到就永遠也不會到來。放下失敗，抓住成功，就可以讓生命重放光彩。而這一切，需要我們有一顆澹泊名利得失、笑看輸贏成敗之心。

個性樂觀的人對得失看得很淡，他們認為「得」是勞作的結果，無論勞心勞力，「得」都是心願的實施，了得了心願，卻難免會失去追求。得到功名利祿的時候，滿心喜悅，但同時也失落了沉思與警醒；得到婚姻的時候，愛情的光芒免不了黯淡；得到虛榮的時候，靈魂卻在貶值；失去最愛的時候，便是得到永恆的寄託；失去依賴的時候，便得到人生必備的磨礪；失去憧憬的時候，便得到現實的選擇。

人生就是一場遊戲，有時我們會贏，有時則會輸。我們應該訓練自己掌握遊戲的規則，這樣就會盡可能多地在遊戲中獲勝。

對得與失的認知，看似平淡，卻折射出一種對人生使命的思考，對物質和精神關係的透徹理解。人的一生，就是得與失互相交織的一生。得中有失，失中有得，有所失才能有所得。

7・自我約束，才會綁住自己

有個長髮公主叫雷凡莎，她頭上披著很長很長的金髮，長得很美。雷凡莎自幼被囚禁在古堡的塔裡，和她住在一起的老巫婆天天念叨雷凡莎長得很醜。一天，一位年輕英俊的王子從塔下經過，被雷凡莎的美貌驚呆了，從這以後，他天天都要到這裡來，一飽眼福。雷凡莎從王子的眼睛裡認清了自己的美麗，同時也從王子的眼睛裡進而發現了自己的自由和未來。有一天，她終於放下頭上長長的金髮，讓王子攀著長髮爬上塔頂，把她從塔裡解救出來。

囚禁雷凡莎的不是別人，正是她自己，那個老巫婆是她心裡迷失自我的魔鬼。她聽信了魔鬼的話，以為自己長得很醜，不願見人，就把自己囚禁在塔裡。

其實，人在很多時候不就像這個長髮公主嗎？人心很容易被種種煩惱和物欲所捆綁。那都是自己把自己囚禁起來。

就是因為自己心中的枷鎖，我們凡事都要考慮別人怎麼想，別人的想法深深套在自己的心頭，從而束縛了自己的手腳，使自己停滯不前。就是因為自己心中的枷鎖。我們獨特的創意被自己抹殺，認為自己無法成功；告訴自己，難以成為配偶心目中理想的另一半，無法成為孩子心目中理想的父母、父母心目中理想的孩子。然後，開始向環境低頭，甚至於開始認命、怨天尤人。

仔細想想，很多時候，在人生的海洋中，我們就猶如一隻游動的魚，本來可以自由自在地游動，尋找食物，欣賞海底世界的景致，享受生命的豐富情趣。但突然有一天，我們遇到了珊瑚礁，然後自己就不願再動彈了，並且吶喊著說自己陷入絕境。這，想想不可笑嗎？自己給自己營造了心靈的監獄，然後鑽進去，坐以待斃。

人的一生的確充滿許多坎坷，許多愧疚，許多迷惘，許多無奈，稍不留神，我們就會被自己營造的心靈的監獄所監禁。而心獄，是殘害我們心靈的極大殺手，它在使心靈調零的同時又嚴重地威脅著我們的健康。

巴特先生面臨了工作上的瓶頸，他很想突破，但卻覺得似乎總是有心無力。於是，他決定找生涯輔導專家為他進行輔導。

他來到了生涯發展中心，輔導老師為他分析了現狀及瓶頸產生的原因，也和他共同擬訂未來的行動方案，協助他改變目前的困境。

然而，經過了幾次的協談，巴特先生仍然在原地踏步，不論是分析現狀還是規劃未來，在輔導的過程中，巴特先生最常說的一句話就是：「我知道……但是……」

我知道我應該要努力走出一條屬於自己的路，但是我擔心自己的能力不夠！

我知道自己最想做的是和藝術有關的工作，但是家人期望我當工程師。

我知道應該要多運動，但是工作實在太忙了，忙得沒有時間。

我知道我要改一改自己的脾氣，但是個性本來就不容易改變。

雖然是一句看起來稀鬆平常的話，也常被掛在嘴邊，然而，當我們也成為「巴特族」的一員（因為動不動就……但是），經常講出這樣的話時，就代表我們的思考模式已經習慣地朝向限制性的方向。

限制性的想法像一個無形的牢籠，使人動彈不得，就像一則禪宗公案：一位弟子來到禪師面前，請求師父教他解脫之道，師父問：「是誰綁了你？」

弟子納悶地看了看自己身上，困惑地說：「沒有人綁我啊！」

禪師笑答：「既然沒有人綁你，為何要求解脫呢？」

在日常生活中，我們經常不自覺地被一些習慣性的想法所限制，例如：

從來沒有人這樣做過，還是不要冒險吧！

以目前的狀況，絕對不可能完成。

這樣做別人會怎麼想？

這怎麼可能做得到呢？別傻了。

我看不出有什麼可能性，不可能會成功的。

我的學歷（財力、人力……）不足，還是別妄想了。

心靈的力量是很大的，尤其是限制性或負面思考，形成了我們的內心對話，往往阻礙了我們邁向成長與成功的可能性。

8．心若清淨，自然光明磊落

英國詩人威廉·費德說過：「舒暢的心情是自己給予的，不要天真地去奢望別人的賞賜。舒暢的心情是自己創造的，不要可憐地乞求別人的施捨。」

一個人，在塵世間走得太久了，心靈無可避免地會沾染上塵埃，使原來潔淨的心靈受到污染和蒙蔽。

心理學家曾說過：「人是最會製造垃圾污染自己的動物之一。」

的確，清潔工每天早上都要清理人們製造的成堆的垃圾，這些有形的垃圾容易清理，而人們內心中諸如煩惱、欲望、憂愁、痛苦等無形的垃圾卻不那麼容易處理了。因為，這些真正的垃圾常被人們忽視，或者出於種種的擔心與阻礙不願去掃。譬如，太忙、太累；或者擔心掃完之後，必須面對一個未知的開始，而我們又不確定哪些是我們想要的。萬一現在丟掉的，將來想要時卻又撿不回來，怎麼辦？

的確，清掃心靈不像日常生活中掃地那樣簡單，它充滿著心靈的掙扎與奮鬥。不過，我們可以告訴自己：每天掃一點，每一次的清掃，並不表示這就是最後一次。而且，沒有人規定我們一次必須掃完。但我們至少要經常清掃，及時丟棄或掃掉拖累心靈的東西。

每個人都有清掃心靈的任務，對於這一點，古代的聖者先賢看得很清楚。聖者認為，「無欲之謂聖，寡欲之謂賢，多欲之謂凡，得欲之謂狂」。聖人之所以為聖人，就在於他心靈的純淨和一塵不染，凡人之所以是凡人，就在於他心中的雜念太多，而他自己還蒙昧不知。所以，聖人了悟生死，看透名利，繼而清除心中的雜質，讓自己純淨的心靈重新顯現。

我們都有清理打掃房間的體會吧，每當整理完自己最愛的書籍、資料、照片、唱片、影碟、畫冊、衣物後，我們會發現：房間原來這麼大，這麼清亮明朗！自己的家更可愛了！

其實，心靈的房間也是如此，如果不把污染心靈的廢物一塊一塊清除，勢必會造成心靈垃圾成堆，而原來純淨無污染的內心世界，亦將變成滿池污水，讓我們變得更貪婪、更腐朽、更不可救藥。

人的一生，就像一趟旅行，沿途中有數不盡的坎坷泥濘，但也有看不完的春花秋月。如果我們的一顆心總是被灰暗的風塵所覆蓋，乾涸了心泉，黯淡了目光，失去了生機，喪失了鬥志，我們的人生軌跡豈能美好？而如果我們能「時時勤拂拭」，勤於清掃自己的「心地」，勤於撣淨自己的靈魂，我們也一定會有「山重水盡疑無路，柳暗花明又一村」的那一天。

9．心無罣礙，自然擁有餘裕

第二次世界大戰期間，邱吉爾到北非蒙哥馬利將軍行轅去閒談時，蒙哥馬利將軍說：「我不喝酒，不抽煙，到晚上10點鐘準時睡覺，所以我現在還是百分之百地健康。」

邱吉爾卻說：「我剛巧跟你相反，即抽煙，又喝酒，而且從不準時睡覺，但我現在卻是百分之二百地健康。」

很多人都認為很怪，以邱吉爾這樣一位身負第二次世界大戰重任，工作繁忙緊張的政治家，生活這樣沒有規律，何以壽登大耄，而且還百分之二百地健康呢？

其實，只要稍加留意就可知道，他健康的關鍵，全在有恆的鍛鍊，輕鬆的心情。毫無疑問，邱吉爾既抽煙，又喝酒，且不準時睡覺，這些並不足為訓。但是我們是否知道，邱吉爾即使在戰事最緊張的週末還去游泳，在戰爭白熱化的時候還去垂釣，而且他剛一下臺就去畫畫，估計很多人沒見他那微皺起的嘴邊，斜插著一支雪茄的輕鬆心情吧！

因此，我們不妨學著邱吉爾那樣給自己的心情放個假吧！也許我們不可能完全做到邱吉爾的完美，但是我們只要學到一半，就可以得到百分之百的健康。

在現實生活中，使自己的心情輕鬆的第一要訣是「知止」。「知止」於是而心定，定而後能靜，靜而後能安，心情還有什麼不輕鬆的呢？

使心情輕鬆的第二要訣是「謀定而後動」。做任何事情，要先有周密的安排，安排既定，然後按部就班地去做，能應付自如，不會既忙且亂了。在這瞬息萬變的社會裡，當然免不了也會出現偶發的事件，此時更要沉住氣，詳細而鎮定地安排。事事要謀定而後動，就一定會像中國史書中的謝安那樣在淝水之戰最緊張的時刻還有閒情逸致下棋了。

使心情輕鬆的第三要訣是不做不勝任的事情。假如我們身兼數職，卻顧此失彼，又有何快樂可言呢？或者用非所長，心有餘而力不足，心情又怎麼會輕鬆呢？

使心情輕鬆的第四要訣是「拿得起，放得下」。對任何事情都不可一天24個小時地念念不忘，寢於斯，食於斯。這樣不僅於身有害，而且於事無補。

使心情輕鬆的第五要訣是在輕鬆的心情下工作。工作盡可緊張，但心情仍須輕鬆。在我們肩負重擔的時候，千萬記住要哼幾句輕鬆的歌曲。在我們寫文章寫累了的時候，不妨高歌一曲。要知道心情越緊張，工作越做不好。

一個口吃的人，在他悠閒自在地唱歌時，絕不會口吃；10個上臺演講就臉紅的人，在與他愛人談心時一定會娓娓動聽。

使心情輕鬆的第六要訣是多留出一些富裕的時間。好多使我們心情緊張的事，都是因為時間短促，怕耽誤事。若每一樣事都多打出些時間來，就會不慌不忙，從容不迫了。最好的辦法就是永遠把自用錶撥快一個相當的時間。時時刻刻用錶面上的時間警惕自己，如此則既不誤事，又可輕鬆。

一個心情經常輕鬆的人沾枕頭就睡著。一個心情經常緊張的人容易失眠。一個永遠從容不迫的人一定能長壽。一個緊鎖眉頭的經常緊張的人定會早亡。給心情放個假吧！這樣我們便會感到快樂，無憂無慮……

國家圖書館出版品預行編目資料

放下，人生才能前進／孫麗 主編 -- 初版 --
新北市：新潮社，2020.07
冊；　公分
ISBN 978-986-316-768-6（平裝）
1.人生哲學 2.生活指導

191.9　　109006628

放下，人生才能前進。

主　編　孫麗
企　劃　天蠍座文創製作
出　版　新潮社文化事業有限公司
電話 02-8666-5711
傳真 02-8666-5833
E-mail：service@xcsbook.com.tw

印前作業　東豪印刷事業有限公司
印刷作業　福霖印刷有限公司

總經銷　創智文化有限公司
新北市土城區忠承路 89 號 6F（永寧科技園區）
電話 02-2268-3489
傳真 02-2269-6560

初　版　2020 年 7 月